AF459302

GASTON ARNULF
AVOCAT
Docteur en Droit
Ancien Receveur
de l'Enregistrement, des Domaines
et du Timbre

# DU TIMBRE DES QUITTANCES
## REÇUS ET DÉCHARGES

1908

NICE. TYP. ET LITH. J. VENTRE

# DU TIMBRE DES QUITTANCES

## REÇUS ET DÉCHARGES

---

GASTON ARNULF
AVOCAT
Docteur en Droit
Ancien Receveur
de l'Enregistrement, des Domaines
et du Timbre

---

DU

# TIMBRE DES QUITTANCES

## REÇUS ET DÉCHARGES

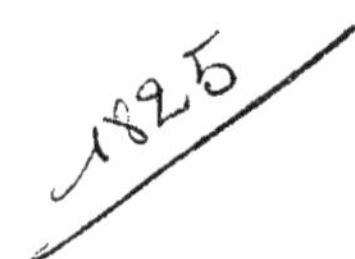


1908

NICE. — TYP. ET LITH. J. VENTRE

# ABRÉVIATIONS

| | |
|---|---|
| *D. M. F.* | Décision du Ministre des Finances. |
| *Instr.* | Instruction de l'Administration de l'Enregistrement. |
| *Sol.* | Solution de l'Administration de l'Enregistrement. |
| *R. E.* | Revue de l'Enregistrement. |
| *J. E.* | Journal de l'Enregistrement. |
| *R. P.* | Répertoire périodique de l'Enregistrement. |
| *R. G. P.* | Revue Générale Pratique de l'Enregistrement. |
| *D. P.* | Répertoire périodique de Dalloz. |
| *S.* | Répertoire périodique de Sirey. |
| *C. Civ.* | Code Civil. |
| *C. Co.* | Code de Commerce. |
| *Cass.* | Arrêt de la Cour de Cassation. |
| *V°* | Voir. |

# INTRODUCTION

## HISTORIQUE. — QUOTITES

Si l'on en croit les auteurs qui se sont occupés de nos impôts, le timbre remonterait à une époque très reculée, et aurait une origine qui ne serait pas sans noblesse. Ce serait le sigillum ou signum regium papyro impressum du moyen âge : « à force d'avoir agrandi les anneaux sigillaires, le moyen âge en avait fait des sceaux; à force de diminuer les sceaux, on en fit des cachets, puis des timbres ». (1). Il est probable que le nom de timbre vient de l'un des termes du blason, à cause de sa forme, et parce qu'il se plaçait en haut de la feuille de papier, comme le casque, ou autre couronnement dénommé « timbre », trouvait place au-dessus de l'écu.

Quoi qu'il en soit, ce n'est là l'histoire que du mot et non de la chose.

En l'an 537, Justinien, considérant le grand nombre d'actes que les tabellions de Constantinople recevaient, et désirant en assurer la sincérité, leur prescrivit, dans sa Novelle 44 (2) de rédiger les originaux des actes de leur ministère sur du papier vendu par le fisc, en tête duquel seraient marqués l'époque de sa fabrication, le nom de l'intendant des Finances alors en place, et les mentions qu'il était d'usage d'y inscrire, c'est-à-dire ce que l'on appelait imbreviaturam totius contractus, ou un titre annonçant sommairement la qualité et la substance de l'acte. (3)

(1) Salefranque : *Le Timbre à travers l'Histoire*, p. 14.
(2) *Corpus Juris Civilis Galisset : Novellae*, p. 882.
(3) Salefranque : *Code du Timbre*, p. 10.

*Nous ne voulons pas suivre les vicissitudes du papier marqué à travers le moyen âge, ce qui nous entrainerait trop loin de notre sujet. Il nous suffira de retracer brièvement le sort de cet impôt, aujourd'hui considérable par ses produits, depuis sa première apparition en France.*

*La première tentative d'établissement de l'impôt du timbre en France eut lieu en 1655. A sa rentrée à Paris, en 1653, Mazarin trouve le Trésor vide et les revenus du Domaine insuffisants; il élève les impôts existants, il constitue des rentes sur l'Hôtel de Ville, et il prescrit l'établissement d'une marque sur le papier et sur le parchemin. L'Edit créant ce nouvel impôt est donné en mars 1655 : « L'usage du timbre, dit ce document, est un modèle de la plus douce et de la plus légère imposition qui se puisse imaginer, tant pour la justice et égalité qui se trouve en ce droit, payable par un chacun à proportion de ses biens et de ce que la sûreté de ses affaires peut désirer, que par la douceur, facilité et peu de frais de la levée des deniers en provenans, étant certain qu'un droit modique mis sur chacune feuille de papier, à proportion de la qualité des actes qui s'y doivent écrire, ne sera porté que par ceux qui feront des acquisitions, ou qui passeront des contrats nécessaires à la conservation et augmentation de leurs biens..... »* (1)

*On sait la résistance que le Parlement a opposée à l'enregistrement de cet édit; on se rappelle le lit de justice du 20 mars 1655, puis à la date du 13 avril, l'apparition imprévue au milieu des Chambres assemblées, du jeune roi, interdisant au Parlement le droit de se réunir et de lui résister. Malgré ces violences, le Parlement ne céda pas et l'édit du 20 mars ne fut pas appliqué.*

*Un peu plus tard, un détour ramena Colbert à cet impôt. Comme Justinien en 537, il estima nécessaire de rendre uni-*

(1) Bibliothèque Nationale, Archives judiciaires. — *Ordonnances de Louis XIV*, 5, 3 N, 69.

*formes les textes des principaux actes; des ordonnances établirent des formules dont l'usage fut rendu obligatoire, et qui « seront marquées en tête d'une fleur de lys, et timbrées de la qualité et substance des actes, et sera fait mention du droit qu'il appartiendra pour chacun acte, tant en original qu'en copie, qui sera modérément réglé en notre Conseil.....* » (1) *Ce droit, fixé le 22 avril 1673, était la rémunération du service public rendu, le prix du papier et de l'impression des formules. Ce n'était pas encore, à proprement parler, un impôt. Mais cette situation ne dura guère... L'impression des formules se heurtait à de nombreuses difficultés, et une nouvelle déclaration du 2 juillet 1673 prescrivit, en attendant, « de vendre et distribuer à tous, officiers ministres de Justice et autres qu'il appartiendra, le papier et parchemin qu'il conviendra, marqué en tête d'une fleur de lys, et timbré de la qualité et substance des actes, avec mention du droit porté par ledit tarif,* le corps de l'acte entièrement en blanc, *pour être écrit à la main.* »

*C'est de cette époque que le papier timbré a pris le nom de formules, bien qu'il n'en ait pas été effectivement créé, et que le tarif ne fût autre chose qu'un impôt pur et simple, tel qu'il existe aujourd'hui.*

*Enfin, un édit du mois d'août 1674 modifia ce tarif, en ce sens qu'au lieu de régler le prix du papier marqué d'après l'importance de l'acte, c'est-à-dire d'après la nature de cet acte, on le régla d'après la dimension : l'impôt devenait un peu moins équitable.*

*Peu d'impôts, lors de leur établissement, suscitèrent autant d'opposition que celui du timbre. Des insurrections éclatèrent en Guyenne, en Bretagne. Il n'est pas dans notre tâche d'en faire le récit.* (2)

*Au surplus, discuté, contesté, payé ici, non payé à côté,*

(1) Déclaration du 19 mars 1673.

(2) Les plaintes des paysans, en Bretagne, furent très vives, et une

*remanié dans ses quotités et dans ses règles d'application et de perception, le timbre subsista, mais ne se perfectionna guère au point de vue économique.*

*En 1787 comme en 1655, un lit de justice est tenu par le roi pour l'enregistrement d'un nouveau règlement relatif au timbre, et le 11 février 1791, l'Assemblée Constituante, sur un rapport de Rœderer, vote une nouvelle loi organique de l'impôt du timbre. Pour la première fois, l'impôt n'est plus réglé exclusivement d'après la dimension du papier, et le droit proportionnel tel qu'il existe encore actuellement est établi sur les lettres de change, mandatements de payer.*

*Le timbre de dimension est déclaré applicable aux quittances sous-seing privé, à l'exception toutefois de celles de 25 fr. et au-dessous. Le décret du 10-17 juin 1791 décide que ce droit est à la charge du débiteur.*

*Les quittances des comptables étaient soumises à un droit proportionnel, mais la loi du 11 Nivôse An IV (1<sup>er</sup> février 1796) les assujettit au droit fixe de la moindre dimension; la loi du 14 Thermidor An IV établit pour cette nature de quittances la même règle que pour les quittances sous seing privé.*

---

ronde, la *Ronde du Papier Timbré*, qui ne manquait pas de hardiesse, est parvenue jusqu'à nous :

Quelle nouvelle en Bretagne? Que de bruit, que de fumée!
Le cheval du Roy, quoique boiteux, vint d'être ferré à neuf :
Il va porter en Bretagne le papier timbré et les scellés,
Le Roy de France a six capitaines pour monter sa haquenée,
. . . . . . . . . . . . . .
Le premier porte le pavillon et la fleur de lys du poltron,
. . . . . . . . . . . . . .
Avec le cinquième viennent les herbes de malheur : le papier timbré... [la bourse vide...
La bourse du Roy profonde comme la mer, comme l'enfer toujours [béante...

## II. — LEGISLATION

*Enfin paraît la loi du 13 Brumaire An VII, qui constitue encore la loi organique de l'impôt du timbre. Cette loi soumet les quittances au droit de timbre de dimension, sans les désigner spécialement, mais par l'effet de l'article 12 portant :*

« *Sont assujettis au droit de timbre établi en raison de la dimension, tous les papiers à employer pour les actes et écritures, soit publics soit privés, savoir :*

. . . . . . . . . . . . .

« (§ 10) *Les actes entre particuliers sous signature privée et le double des comptes de recette ou gestion particulière.*

« (§ 11) *Et généralement tous les actes et écritures, extraits, copies et expéditions, soit publics, soit privés, devant ou pouvant faire titre, ou être produits pour obligation, décharge, justification, demande ou défense.* »

*Des exceptions étaient cependant édictées. L'art. 16 déclare exceptées de la formalité du timbre :*

« (§ 5) *Les quittances des traitements et émoluments des fonctionnaires et employés salariés de la République.*

« (§ 6) *Les quittances ou récépissés délivrés aux collecteurs et receveurs de deniers publics; celles que les collecteurs des Contributions directes peuvent délivrer aux contribuables; celles des Contributions indirectes qui s'expédient sur les actes, et celles de toutes autres contributions qui se délivrent sur feuilles particulières et qui n'excèdent pas 10 francs.*

« (§ 7) *Les quittances de secours payés aux indigents et des indemnités pour incendies, inondations, épizooties et autres cas fortuits.*

« (§ 8) *Toutes autres quittances, même celles entres par-*

*ticuliers pour créances ou sommes non excédant 10 francs, quand il ne s'agit pas d'un acompte ou d'une quittance finale sur une plus forte somme.* »

*Enfin, l'article 29 porte que :*

« *Le timbre des quittances fournies à la République ou délivrées en son nom est à la charge des particuliers qui les donnent ou les reçoivent; il en est de même pour tous autres actes entre la République et les citoyens.* »

*La loi du 13 Brumaire An VII ne faisait donc aucune distinction, quant au tarif, entre les quittances des comptables publics et les quittances délivrées par les particuliers. Ce régime fut modifié par la loi du 8 juillet 1865 dont l'art. 4 est ainsi conçu :*

« *Le timbre des quittances de produits et revenus de toute nature délivrées par les comptables de deniers publics est réduit à 0,20 centimes. La délivrance de ces quittances est obligatoire. Le prix du timbre, lorsqu'il est exigible, s'ajoute de plein droit au montant de la somme due et est soumis au même mode de recouvrement.*

« *Sont maintenues les dispositions de l'art. 16 de la loi du 13 Brumaire An VII, concernant les contributions directes, et celles des articles 19 et 243 de la loi du 28 avril 1816, relatives aux quittances des douanes et à celles des Contributions indirectes.* »

*Ce tarif a été porté au taux de 0,25 par l'art. 2 de la loi du 23 août 1871, qui, après avoir prescrit l'addition de deux décimes au principal des droits de timbre de toute nature, ajoute :*

« *Ne seront pas soumis à ces deux décimes :*

. . . . . . . . . . . .

« (Art. 2) 2° *Les récépissés des chemins de fer, les quittances de produits et revenus délivrées par les comptables de deniers publics, conformément à l'article 4 de la loi du 8 juillet 1865, les reconnaissances de valeurs cotées, ainsi que les quittances de sommes envoyées par la poste, les-*

*quels seront à l'avenir assujettis à un droit de timbre de 0,25.* »

*Cette même loi du 23 août 1871 contient dans ses articles 18, 19, 20, 23 et 24 la législation encore applicable aux quittances sous seing privé délivrées par les particuliers.*

*Ces articles sont ainsi conçus :*

« (Art. 18) *A partir du 1er décembre 1871, seront soumis à un droit de timbre de 10 centimes : 1° les quittances ou acquits donnés au pied des factures et mémoires, les quittances pures et simples, reçus ou décharges de sommes, titres, valeurs ou objets et généralement tous les titres, de quelque nature qu'ils soient, signés ou non signés, qui emporteraient libération, reçu ou décharge; 2° les chèques, tels qu'ils sont définis par la loi du 14 juin 1865, dont l'art. 7 est et demeure abrogé. Le droit est dû pour chaque acte, reçu, décharge ou quittance; il peut être acquitté par l'apposition d'un timbre mobile, à l'exception toutefois du droit sur les chèques, lesquels ne peuvent être remis à celui qui doit en faire usage sans qu'ils aient été préalablement revêtus de l'empreinte du timbre à l'extraordinaire. Le droit de timbre de dix centimes n'est applicable qu'aux actes faits sous signatures privées, et ne contenant pas de dispositions autres que celles spécifiées au présent article.*

« (Art. 19) *Une remise de deux pour cent sur le timbre est accordée à titre de déchet à ceux qui feront timbrer préalablement leurs formules de quittances, reçus ou décharges.*

« (Art. 20) *Sont seuls exceptés du droit de timbre de 0,10 centimes : 1° les acquits inscrits sur les chèques ainsi que sur les lettres de change, billets à ordre et autres effets de commerce assujettis au droit proportionnel; — 2° les quittances de 10 francs et au-dessous, quand il ne s'agit pas d'un acompte ou d'une quittance finale sur une plus forte somme; — 3° les quittances énumérées à l'article 16 de la loi du 13 Brumaire An VII, à l'exception de celles relatives aux traitements et émoluments des fonctionnaires, officiers des armées de terre et de mer, et employés salariés par l'Etat, les départements, les communes, et tous les établissements publics; — 4° les quittances délivrées par les comptables de deniers publics, celles des douanes, des Contributions indirectes et des Postes, qui restent soumises à la législation qui leur est spéciale. Toutes autres dispositions contraires sont abrogées.*

« (Art. 23) *Toute contravention aux dispositions de l'art. 18 sera punie d'une amende de 50 francs. L'amende sera due par chaque acte, écrit, quittance, reçu ou décharge, pour lequel le droit de timbre n'aurait pas été acquitté. Le droit de timbre est à la charge du débiteur. Néanmoins, le créancier qui a donné quittance, reçu ou décharge en contravention aux dispositions de l'art. 18 est tenu personnellement et sans recours, nonobstant toute stipulation contraire, du montant des droits, frais et amendes. La contravention sera suffisamment établie par la représentation des pièces non timbrées et annexées aux procès verbaux que les employés de l'enregistrement, les officiers de police judiciaire, les agents de la force publique, les préposés des douanes, des Contributions indirectes, et ceux des octrois sont autorisés à dresser conformément aux articles 31 et 32 de la loi du 13 Brumaire An VII. Il leur est attribué un quart des amendes recouvrées. Les instances seront instruites et jugées selon les formes prescrites par l'article 76 de la loi du 28 avril 1816.*

« (Art. 24) *Un règlement d'administration publique déterminera la forme et les conditions d'emploi des timbres mobiles créés en exécution de la présente loi. Toute infraction aux dispositions de ce règlement sera punie d'une amende de 20 francs. Sont applicables à ces timbres les dispositions de l'article 21 de la loi du 11 juin 1859. Sont considérés comme non timbrés : 1° les actes, pièces ou écrits sur lesquels le timbre mobile aurait été apposé sans l'accomplissement des conditions prescrites par le règlement d'administration publique ou sur lesquels aurait été apposé un timbre ayant déjà servi; 2° les actes, pièces ou écrits sur lesquels un timbre mobile aurait été apposé en dehors des cas prévus par l'article 18. »*

*Le règlement annoncé a été rendu le 27 novembre 1871. Il contient les dispositions suivantes :*

« (Art. 1) *Il est établi, pour l'exécution de l'art. 18 de la loi susvisée, un timbre mobile à 10 centimes, conforme au modèle annexé au présent décret. L'administration de l'Enregistrement, des Domaines et du Timbre fera déposer au greffe des cours et tribunaux des spécimens de ce timbre mobile. Le dépôt sera constaté par un procès verbal dressé sans frais.*

« (Art. 2) *Le timbre mobile est apposé sur les quittances ou acquits donnés au pied des factures et mémoires, les quittances pures et simples, les reçus ou décharges de sommes, titres, valeurs ou objets, et généralement sur tous les titres, de quelque nature qu'ils soient, signés ou non signés, et qui emporteraient libération, reçu ou décharge. Ce timbre est collé et immédiatement oblitéré par l'apposition, à l'encre noire, au travers du timbre, de la signature du créancier ou de celui qui donne reçu ou décharge, ainsi que de la date de l'oblitération. Cette signature peut être remplacée par une griffe apposée à l'encre grasse, faisant connaître la résidence, le nom ou la raison sociale du créancier et la date de l'oblitération du timbre.*

« (Art. 3) *Les ordonnances, taxes, exécutoires et généralement tous mandats payables sur les caisses publiques, les bordereaux, quittances, reçus ou autres pièces peuvent être revêtus du timbre à 10 centimes par les agents chargés du paiement. Le timbre est oblitéré au moyen d'une griffe par ces agents, qui demeurent responsables des contraventions commises à raison des pièces acquittées à leur caisse. Les sociétés et compagnies, assureurs, entrepreneurs de transports et tous autres, assujettis aux vérifications des agents de l'Enregistrement par l'article 22 de la loi du 23 août 1871, et par les lois antérieures, peuvent également, sous leur responsabilité, user de la même faculté, en ce qui concerne les actions, obligations, dividendes et intérêts payables au porteur, les rentes sur l'étranger, ainsi que toutes autres pièces de dépenses, états de solde et d'émargement.*

« (Art. 4) *Les sociétés, compagnies et particuliers qui, pour s'affranchir de l'obligation d'apposer et d'oblitérer les timbres mobiles, veulent soumettre au timbre à l'extraordinaire des formules imprimées pour quittances, reçus ou décharges, sont tenus de déposer ces formules et d'acquitter les droits (sauf la remise du 2 0/0 accordée à titre de déchet) au bureau de l'enregistrement de leur résidence, ou à celui qui sera désigné par l'Administration s'il existe plusieurs bureaux dans la même ville.*

« (Art. 5) *Les formules d'états de solde ou de payement dits états d'émargement, les registres de factage ou de camionnage et les autres documents pour lesquels il est dû un droit de timbre pour chaque paiement excédant 10 francs ou par chaque objet reçu ou déposé, ne peuvent être timbrés à l'extraordinaire qu'autant que le droit à percevoir, par chaque page, correspondra à l'une des quotités des timbres de dimension en usage.*

« (Art. 6) *Les billets de place délivrés par les compagnies et entrepreneurs, et dont le prix excède 10 francs peuvent, si la demande en est faite, n'être revêtus d'aucun timbre; mais ces compagnies et entrepreneurs sont tenus de se conformer au mode de justification et aux époques de paiement déterminés par l'administration.* »

*Le régime actuel est donc celui-ci.*

*Droit de 0 fr. 25 sur les quittances délivrées par les comptables de deniers publics quand elles n'ont pas été exemptées du timbre.*

*Droit de 0 fr. 10 sur les quittances des particuliers lorsqu'elles ne rentrent pas dans un cas exceptionnel.*

## III. PRODUITS

*Le timbre des quittances constitue pour le Trésor public une ressource importante. Tandis que le droit de 0 fr. 25 perçu sur les quittances des comptables est resté à peu près le même depuis l'origine, le produit du droit de 0 fr. 10 n'a cessé, depuis 1871, de s'accroître.*

*Les produits du timbre à 0 fr. 25 ont été les suivants :*

| | | | |
|---|---|---|---|
| 1867 | 1.115.002 | 1880 | 911.041 |
| 1868 | 1.226.599 | .... | ......... |
| 1869 | 1.298.536 | 1895 | 923.420 |
| 1870 | 1.032.502 | 1896 | 931.432 |
| 1871 | 1.088.800 | 1897 | 962.203 |
| 1872 | 1.321.145 | 1898 | 996.949 |
| 1873 | 1.274.240 | 1899 | 1.090.856 |
| 1874 | 1.395.995 | 1900 | 1.079.831 |
| 1875 | 1.632.825 | 1901 | 1.121.374 |
| 1876 | 1.676.020 | 1902 | 1.176.382 |
| 1877 | 1.833.165 | 1903 | 1.192.014 |
| 1878 | 2.086.053 | 1904 | 1.201.648 |
| 1879 | 1.171.824 | 1905 | 1.471.001 |

*Les chiffres ci-après constatent la marche ascendante du droit de timbre à 0,10 :*

| | | | |
|---|---|---|---|
| 1872 | 10.159.130 | 1899 | 18.938.016 |
| 1875 | 11.533.970 | 1901 | 19.499.553 |
| 1880 | 12.608.095 | 1902 | 19.692.293 |
| 1885 | 13.473.322 | 1903 | 20.191.905 |
| 1895 | 17.712.914 | 1904 | 20.467.157 |
| 1897 | 18.229.992 | 1905 | 21.145.357 |

*Ces produits, d'ailleurs, ne représentent pas la totalité du droit. Nous verrons que les contrats de transport, pour lesquels le droit est de 0 fr. 70, tiennent compte du droit de la décharge à donner par le destinataire. Il est vraisemblable que le tarif eût été différent si ce droit de décharge n'avait pas existé. On doit dire la même chose des récépissés spéciaux aux envois contre remboursement, dont le droit (0 fr. 35) englobe également le timbre du reçu de la somme. De ces deux chefs, on peut sans exagération augmenter les chiffres ci-dessus de 2 millions; ce qui porte le produit actuel à un minimum de 22 millions.*

## IV. LE TIMBRE AU POINT DE VUE ÉCONOMIQUE

*On recherche et on recherchera sans doute longtemps encore l'impôt le meilleur et le plus équitable. L'idéal serait un impôt unique (sur le revenu ou sur le capital), proportionnel ou modérément progressif. Mais, nous ne saurions trop le dire, c'est là un pur idéal, une utopie, qui ne sera jamais adopté, par ce qu'inapplicable en fait, ou qui ne subsistera pas s'il est un jour appliqué. Quoi qu'il en soit, il serait sage pour le législateur de tendre vers une répartition plus équitable des charges publiques, et d'appliquer dans l'établissement et dans la perception des impôts une règle de proportionnalité et même de progression, qui, faisant sentir aux contribuables la préoccupation de justice dont est empreint le système des charges qui les frappent, en facilite le recouvrement.*

*La plupart des droits de timbre sont en opposition absolue avec ces principes.*

*Pourquoi ces différences de tarif d'après la dimension du papier ? Est-ce donc le coût matériel de la feuille que l'on prétend faire payer au contribuable ? Non, évidemment, puisque cet impôt se perçoit fréquemment, aujourd'hui, par l'apposition de timbres mobiles dont la forme, la dimension reste la même quel que soit le prix. Est-ce donc l'étendue de l'acte, de la convention que la feuille de papier est destinée à contenir ? Il paraît bien qu'il en est ainsi. Il est inutile d'insister sur l'iniquité d'une telle base d'imposition. Sur une feuille de petit format, des contractants peuvent rédiger une convention portant sur des sommes considérables, tandis qu'une convention fort peu importante peut nécessiter, à cause de certaines complications, l'emploi d'une feuille de grand format.*

*Ce manque de proportionnalité entre les intérêts en jeu et l'impôt qui frappe la convention constitue l'un des vices les plus certains de l'impôt du timbre. Il a été signalé maintes fois, et le législateur essaie, mais trop timidement, d'y remédier. Nous devons exclure de ces observations le droit applicable aux effets de commerce, billets à ordre, billets simples, reconnaissances unilatérales de dettes, que des lois spéciales ont assujettis à un droit proportionnel. Nous ferons la même exception pour le timbre des valeurs mobilières que la loi du 5 juin 1850 a assujetties à un droit proportionnel de 1 0/0. Si ce dernier impôt peut soulever quelques critiques à cause de sa quotité assez élevée, il n'en est pas moins juste dans son principe, qui a pour base le montant de la somme portée sur le titre.*

*La loi du 28 avril 1893 a supprimé divers droits de timbre de dimension* (1)*; la loi du 22 avril 1905 a exonéré du même droit les ventes d'immeubles, établissant un tarif nouveau du droit d'enregistrement, qui comprend le timbre supprimé. Telle est l'œuvre du législateur, trop minime pour qu'elle vaille une étude approfondie.*

*Le timbre des quittances n'a, depuis le 23 août 1871, subi que des modifications de détail dont nous parlerons dans les développements qui vont suivre. Le principe d'exigibilité est resté le même, et le droit n'a pas varié dans sa quotité, c'est-à-dire qu'une quittance de 10,000 francs est soumise au même droit qu'une quittance de 11 francs. Certes, il ne saurait être question de transformer ce droit fixe en droit proportionnel aux sommes quittancées; l'uniformité du tarif, qui assure une application facile de l'impôt, qui ne nécessité de la part du contribuable aucune connaissance spéciale des règles fiscales est avantageuse à l'application régulière de la loi. S'il en était de même de tous les impôts,*

(1) Demande de bulletins n° 2 du casier judiciaire, délivrés aux particuliers. — Récépissés de transports des compagnies de tramways.

*il est permis de penser que leur produit serait bien plus élevé, l'ignorance étant l'une des causes les plus certaines des omissions et contraventions diverses. Toutefois, une progression limitée et large n'enlèverait rien à la facilité de perception, et rendrait l'impôt plus équitable.*

*Le législateur de 1871 n'a pas oublié non plus que plus l'impôt est modique, plus il est facilement recouvré, et plus aussi on peut montrer de rigueur dans la répression de la fraude; en abaissant à 0 fr. 10 un droit que la loi du 13 Brumaire An VII avait maintenu à 0 fr. 50 (avec les décimes de la loi du 30 décembre 1873, ce droit aurait été de 0 fr. 60), il a voulu que le paiement en fût assuré, qu'aucune fissure ne se produisît et qu'aucune quittance sous seing privé ne pût, sous aucun prétexte, échapper à l'impôt. Nous verrons si son but a été pleinement atteint.*

*Quoi qu'il en soit, nous pouvons indiquer dès à présent que la loi du 23 août 1871, telle qu'elle est interprétée par la Régie, ne laisse pas d'être vivement critiquée.*

*Nous ne parlerons pas de la résistance qui se manifesta au moment de la discussion de la loi. Les plaintes furent vives, les critiques multiples, le commerce allait se trouver gravement compromis, disait-on; des contraventions quotidiennes allaient s'abattre sur tous les citoyens, et les pénalités paraissaient excessives. Ces plaintes, ces observations n'étaient fondées qu'en partie.*

*Ce qui n'avait pas été prévu, c'est l'extension que l'Administration devait donner à l'expression « titre libératoire », extension, empressons-nous de le dire, qui est le plus souvent exacte, mais qui n'en est pas moins de nature à créer pour le contribuable, spécialement pour l'industriel ou le commerçant, bien des surprises désagréables.*

*Trop souvent, le commerçant délivre des quittances comme M. Jourdain faisait de la prose, sans le savoir ; absorbé par les affaires, par la défense de ses intérêts, il ne songe guère à l'impôt et n'essaie même pas de se rendre compte de la valeur juridique des écrits qu'il signe. et notamment de l'importance qu'ils peuvent avoir, au point de vue de l'impôt du timbre. Aussi n'est-ce pas sans étonnement qu'après plusieurs années, il se voit sous le coup d'une réclamation d'impôt sur des lettres, des écrits divers, rédigés tous les jours, dans ses bureaux, à de nombreux exemplaires, et dont l'Administration a eu indirectement ou accidentellement connaissance.*

*Ces interprétations fiscales portent parfois un véritable trouble dans les habitudes commerciales; malgré la modicité du droit, le commerçant se voit dans la nécessité d'augmenter ses prix ou de prendre l'impôt à sa charge, d'où une aggravation des frais généraux souvent très importante.*

*C'est ainsi, par des applications nouvelles, par des interprétations jusqu'ici inconnues, que cet article du budget donne des produits de plus en plus élevés.*

---

## V. INCIDENCE DE L'IMPOT

*Le débiteur du droit est, comme nous le verrons, le débiteur de la somme quittancée. La loi est formelle à cet égard; mais si le texte précise les personnes à qui l'Administration doit s'adresser pour réclamer l'impôt, s'il détermine le débiteur, en cas de contestation entre les parties, il n'a nullement pour effet d'interdire toutes conventions expresses ou tacites contraires à ces dispositions. Aussi, le petit commerçant est-il souvent dans l'obligation de payer lui-même le timbre de la quittance qu'il délivre. Cette perte de dix centimes, insignifiante pour le débiteur, devient considérable pour le créancier, obligé de la répéter très souvent. Il en est ainsi spécialement en matière de timbre des décharges; le transporteur qui consent à acquitter le timbre de 10 centimes qu'apposera le destinataire, consent en définitive à l'expéditeur une diminution de tarif de 10 centimes par colis transporté; or, comme il arrive souvent pour les petits colis que le prix du transport n'excède pas 0 fr. 50, cette diminution est sensible et la perte du transporteur fort appréciable; l'avantage de l'expéditeur qui, lui aussi, serait souvent obligé de payer le timbre pour le destinataire, est évident. D'où la conclusion que le transporteur s'efforcera, tout en s'engageant à payer le timbre, de ne pas l'apposer. C'est le cas de fraude le plus fréquent; il a pour conséquence un moyen de concurrence entre transporteurs, au détriment du fisc.*

## *VI. CONDITIONS DE PERCEPTION*

*L'impôt le plus productif est celui dont l'application offre le moins de difficultés et qui est le plus minime. Obéissant à ces deux principes, le législateur de 1871, non seulement a abaissé le tarif à sa dernière limite, mais a pris toutes les précautions pour que le contribuable pût trouver le timbre de 10 centimes dans un grand nombre de lieux, sans déplacement, et pour que son apposition n'offrît pas de difficultés. Le rapporteur de la loi, M. Mathieu-Bodet, le laissait entendre en disant : « Le droit de timbre, dans le plus grand nombre des cas, est trop élevé. Actuellement, le papier est timbré à l'avance. Les parties n'ayant pas la précaution de s'en approvisionner, sont le plus souvent dans l'impossibilité de s'en procurer quand elles ont à en faire usage..... La commission croit qu'elle atteindra son but, en abaissant sensiblement les taxes, en rendant le mode de perception facile, en édictant une pénalité sévère, et en donnant à l'administration des moyens de contrôle qui lui manquaient antérieurement. »*

*Aussi, au lieu du papier timbré que l'on conserve difficilement, qui donne, il est vrai, aux actes, un caractère d'authenticité et de garantie, mais qui ne peut que difficilement et non sans grande perte, recevoir les empreintes, firmes et adresses des maisons de commerce, la commission n'a prévu que le timbre mobile et le timbrage* à l'extraordinaire *sur des formules présentées par le commerçant. Il est ainsi toujours possible d'avoir à sa portée des timbres de quittances, assimilables, en définitive, quant à la forme, à des timbres poste; il est encore plus facile de ne pas se préoccuper du timbre, en faisant d'avance timbrer les formules destinées à recevoir les quittances. »*

*D'autre part, ce timbre de 10 centimes est vendu, non pas seulement par les receveurs de l'Enregistrement, comme le timbre de dimension, mais encore par tous les bureaux de tabacs, qui sont tenus d'en avoir en dépôt dans les mêmes conditions qu'ils avaient déjà les timbres-poste. Depuis peu, les receveurs des postes ont été également approvisionnés de ces timbres; les facteurs peuvent en débiter, les facteurs ruraux en transportent et en vendent dans les campagnes les plus reculées : c'est la vente du timbre à domicile.*

*La loi a voulu, et les règlements successifs se sont arrangés de telle manière que nul ne saurait prétendre avoir omis de timbrer une quittance par suite de la difficulté éprouvée pour se procurer le timbre.*

*Enfin, il était indispensable de punir sévèrement les contraventions à la loi. L'esprit de fraude devait s'exercer sur cet impôt comme sur tout autre, malgré sa modicité, parce que, pour certains débiteurs, la multiplicité des paiements en fait une charge réelle. En outre, comme nous l'avons déjà dit, le créancier se trouve parfois dans la nécessité de payer lui-même ce droit, ou, tout au moins, il veut l'éviter à son client qui ajoute ces dix centimes au prix de revient de la marchandise vendue. Pour éviter, autant que possible, les effets de cette fraude, une amende élevée devait être édictée. Elle est fixée à 50 francs (62,50 avec les décimes) pour chaque timbre omis. Sans doute la juridiction gracieuse accorde sur demande la réduction de cette amende dans une large mesure; mais cette remise est facultative; le contrevenant sait que si la fraude est bien constatée, il peut être contraint au paiement de la totalité de l'amende; en tout cas, la somme de 5 à 10 francs qui est généralement maintenue, les démarches nécessaires pour arriver à cette réduction, la perte de temps qui en résulte ne sont pas sans lui faire éprouver un préjudice réel qui le détourne d'une spéculation aussi dangereuse.*

*En fait, la plupart des contraventions actuellement constatées sont relatives à des erreurs d'interprétation, ou à des oublis commis dans des circonstances particulières.*

## *VII. DIVISION*

*Nous nous proposons d'étudier distinctement le droit de timbre à 0,10 et le droit de 0,25. Bien que le droit de 0 fr. 10 ait été établi postérieurement à celui de 0,25, c'est par lui que nous commencerons, parce que les principes applicables aux deux quotités sont souvent les mêmes, et que les décisions administratives ou judiciaires qui sont intervenues ont été presque toutes rendues en matière de timbre à 0 fr. 10.*

*Nous examinerons successivement le droit sur les quittances, sur les reçus et sur les décharges.*

PREMIÈRE PARTIE

---

# DROIT DE TIMBRE

## SUR LES QUITTANCES

---

# CHAPITRE Ier

## Règles générales d'exigibilité

### *SECTION Ire*

#### Droit de timbre de dimension et Droit de timbre de 0 fr. 10

La quittance étant un écrit destiné à faire titre d'une libération est soumise au droit de timbre en vertu du principe général de l'article 12 de la loi du 13 Brumaire An VII. Ce droit est celui du timbre de dimension. Une loi spéciale ayant réduit ce droit à 0 fr. 10, il est indispensable de rechercher tout d'abord l'étendue d'application de cette dernière loi, et les conditions qu'elle a imposées à la réduction de tarif édictée par elle.

Si ces conditions ne sont pas remplies, l'écrit, ne cessant pas de faire titre, loin d'être exempt du timbre, retombera sous l'application du tarif général et donnera ouverture au droit de timbre ordinaire de 0 fr. 60, 1 fr. 20, 1 fr. 80, etc.

La loi n'assujettit à ses dispositions que les quittances pures et simples. Si la quittance contient d'autres stipulations de nature à conférer à l'écrit, pour l'une des parties, créancier ou débiteur, une valeur juridique autre que celle d'une libération, la loi du 23 août 1871 cesse d'être applicable, et l'article 12 de la loi du 13 Brumaire An VII, qui impose tous les écrits susceptibles de faire titre au droit de timbre de dimension, reprend son empire. L'application de cette distinction n'est pas sans difficulté. Quelles sont les clauses d'une quittance qui sont indépendantes du titre libératoire ? Quelles sont celles qui s'y rattachent assez intimement pour n'en être que l'accessoire, le complément, l'explication ?

Nous écarterons tout d'abord les conventions aux clauses qui ne sont pas susceptibles de faire titre, et qui auraient pu en toute circonstance être écrites sur papier non timbré; ce n'est pas en effet leur liaison à une quittance qui est capable de leur donner une valeur juridique quelconque, et de rendre le droit de timbre de dimension applicable. Ainsi, une lettre d'affaires contenant une commande de marchandises et en même temps la quittance d'une somme antérieurement payée par le destinataire, ne serait sujette qu'au timbre de 10 centimes. Il est à peine besoin d'ajouter que si l'écrit n'est pas signé, il ne peut être question de l'assujettir au timbre de dimension. La loi du 23 août 1871 a cru devoir édicter une exception à la règle générale qui veut qu'un écrit non signé ne soit pas considéré comme faisant preuve par lui-même. Mais cette exception doit être restreinte au cas spécialement visé, et la règle générale redevient applicable dans toutes les autres hypothèses. Par conséquent, l'exigibilité d'un droit de timbre quelconque sur tout écrit qu'une quittance pure et simple est subordonnée à la signature de ce titre par les parties contractantes. (1)

Nous considérons comme dispositions accessoires de la quittance toutes celles qui ont une dépendance absolue avec l'écrit libératoire dont elles ne dénaturent pas le caractère. C'est ainsi que toutes les clauses indiquant les conséquences

(1) D. M. F. 17 mars 1876. — J. E. 20007.

du paiement, loin de pouvoir être appréciées comme distinctes du titre libératoire, en sont, au contraire, la confirmation. Il a été décidé notamment par l'Administration (1) que la clause insérée sur une quittance de coupons délivrée à un banquier, et par laquelle la partie prenante s'engageait à rembourser ce banquier dans le cas où la société débitrice de ces coupons viendrait, pour un motif quelconque, à contester sa dette, ne constate que les effets légaux du paiement; le recours du banquier dans ces circonstances, étant de droit; nous pouvons dire en général que la quittance sous réserve de remboursement dans le cas où la dette n'existerait pas, est une quittance pure et simple, la répétition de l'indû étant une conséquence légale et nécessaire du paiement. (C. Civ., art. 1235)

Il en est de même de toutes explications sur l'emploi des fonds, et même sur la renonciation par le créancier à toute autre somme que celle qui est quittancée, cette formule correspondant, en définitive, à la mention « pour solde de tout compte », insérée habituellement dans les quittances commerciales ; cette indication précise en effet la nature, la cause, les conséquences du paiement, mais elle n'y ajoute rien qui ne résulte des faits ou de la loi.

Toutefois, il faut se garder de pousser le principe qui vient d'être affirmé, dans ses dernières extrémités. Une clause de la quittance peut affecter la forme de complément de la libération, s'en présenter comme la conséquence, et cependant constituer une convention d'une nature particulière, ayant ses caractères juridiques propres, soumise par cela même au timbre de dimension. Tel serait le cas d'une quittance avec subrogation; cette subrogation est bien la conséquence du paiement, puisqu'elle a le versement pour cause; elle n'en constitue pas moins un titre spécial que la

(1) Sol. 26 avril 1889. — R. G. P. 2799.

partie payante invoquera ultérieurement contre des tiers (C. Civ., art. 1250). Ce n'est plus là la quittance pure et simple dont parle la loi.

L'Administration suit cette doctrine, qui nous paraît exacte (1); mais il semble que le motif qui a été retenu par le Tribunal de Lisieux, dans un jugement rendu le 18 décembre 1895, à la requête de l'Administration (2), est insuffisant pour expliquer sa décision : « Attendu, dit-il, que cette pièce [la quittance examinée] ne peut être considérée comme une quittance pure et simple puisqu'elle ne constate pas seulement un versement..... » La quittance, en effet, est plus que la constatation d'un versement, c'est encore un titre libératoire puisqu'elle suppose une dette antérieure; la constatation d'un versement est le propre du reçu et elle ne suppose pas la dette ; l'Administration semble avoir défendu encore sa thèse déjà condamnée de l'exigibilité du droit à défaut même de titre libératoire.

L'énonciation des motifs pour lesquels la quittance est délivrée n'a pas non plus pour effet d'exclure l'application de la loi du 23 août 1871; c'est ainsi que le paiement par compensation n'est qu'une libération ordinaire (3); que l'acceptilation, ou remise de dette, n'est également en principe qu'un mode de libération (4); cependant, dans ce dernier cas, le droit de timbre de dimension serait régulièrement exigé si la remise de dette déguisait une libéralité au profit du débiteur; nous n'avons pas ici l'intention d'examiner les conditions qui distinguent ces deux natures d'actes; il nous suffira de rappeler que la libéralité ne se présumant pas, on doit, jusqu'à preuve contraire, présumer que l'acceptilation n'est qu'une libération ordinaire.

(1) Sol. 29 novembre 1873 et 6 novembre 1875.
(2) R. E. 1138.
(3) Sol. 27 août 1875.
(4) Sol. 23 octobre 1886 et 24 mars 1887.

D'autre part, la libération du débiteur constatée dans la quittance peut s'être opérée au moyen d'une dation en paiement, c'est-à-dire de l'abandon de créances, d'objets mobiliers, et même d'immeubles. Dans ce cas, si l'écrit se borne à constater l'extinction de la dette, sans rappeler le moyen par lequel cette extinction s'est opérée, la constatation ultérieure, résultant d'autres documents, d'une dation en paiement, ne saurait justifier la réclamation par l'Administration d'un droit de timbre de dimension; de même encore, si l'acte, présenté sous forme de quittance, n'était signé que du créancier, il ne saurait être considéré comme emportant mutation, et soumis en conséquence au droit de timbre ordinaire des titres. Mais s'il se présentait sous la forme d'une vente, ou dation en paiement de la dette, bien que signé du créancier seul, il tomberait sous l'application du droit commun, puisque l'acte fait en double peut ne porter qu'une signature : celle de la partie qui n'est pas détentrice de l'exemplaire signé par elle.

Enfin, il convient de rappeler qu'un seul écrit ne saurait être assujetti à deux sortes de timbres. Quel que soit le nombre des conventions contenues dans un écrit, un seul droit de timbre est exigible, si cet écrit se présente en un seul contexte; il ne constitue en effet, dans ce cas, qu'un seul acte fait en commun par diverses personnes, ou relatant de multiples conventions arrêtées entre deux personnes; la loi de Brumaire interdit bien l'emploi d'une feuille de papier ayant déjà servi, c'est-à-dire qu'elle ne permet pas d'utiliser le blanc laissé à la suite d'un acte pour la rédaction d'un autre acte; mais là s'arrêtent ses prescriptions. Par suite, si une convention quelconque renferme une ou plusieurs clauses établissant la libération de l'une ou de plusieurs des parties intervenantes ou contractantes, le droit de timbre de dimension employé pour la rédaction de l'acte exclut l'apposition du timbre des quittances.

En résumé, le droit de dimension couvre les libérations

constatées dans le contexte de l'écrit (1); le droit de quittance au contraire ne couvre que la libération et n'exempte pas du droit de dimension les conventions d'une autre nature contenues dans l'acte.

(1) Nous verrons que si la libération est constatée par une convention séparée de celle qui justifie l'emploi du timbre de dimension, elle peut rendre exigible un droit de 10 centimes.

## *SECTION II*

### Conditions d'application de la loi du 23 aout 1871

#### § 1er. — *Nature du droit.*

La quittance est l'écrit constatant une libération. Le mot emporte l'idée d'une dette préexistante. La quittance est donc essentiellement un acte libératoire. C'est à ce titre que l'article 12 de la loi de Brumaire l'assujettit au timbre de dimension et que la loi du 22 Frimaire An VII sur les droits d'enregistrement la soumet au droit proportionnel (0 fr. 50 %).

Comme tout acte, la quittance peut être donnée sous la forme authentique ou sous la forme sous seing privé (1). Elle peut être pure et simple ou contenir d'autres dispositions (2). D'autre part, l'Administration n'est pas juge de la valeur de cet écrit; elle n'a pas à s'arrêter à cette considération que la libération peut résulter de faits, de constatations antérieures; dès lors qu'il a plu aux parties de rédiger l'acte, la législation fiscale lui est applicable.

C'est que l'impôt du timbre est un impôt de consommation. Lorsque l'acte est rédigé sur une feuille du timbre de la débite, le fait seul que cette feuille est couverte d'écriture

---

(1) Seules les quittances s. s. p. bénéficient des dispositions de la loi du 23 août 1871. Celles délivrées en la forme authentique restent soumises au timbre de dimension.

(2) Nous avons déjà vu quelles sont les dispositions susceptibles de rendre le timbre de dimension exigible. (V° ci-dessus, Chapitre Ier, Section Ire.)

a consommé le papier employé, l'impôt se trouve matériellement acquitté et il ne vient à la pensée de personne d'essayer d'obtenir le remboursement du prix de cette feuille, sous le prétexte que ce qui a été écrit ne doit pas servir; il serait facile de trouver dans tous les impôts de consommation proprement dits de nombreux exemples de non-remboursement de l'impôt appliqué à la matière consommée. Il n'y a pas d'exception pour l'impôt du timbre.

Or, s'il en est ainsi pour la feuille de papier timbré, il doit en être de même du timbre de quittance. L'emploi du timbre mobile n'est en effet qu'un mode de paiement de ce droit; au lieu d'imposer l'emploi d'un papier déjà timbré, la loi confie au contribuable le soin de timbrer lui-même la feuille sur laquelle il écrit; mais cette obligation doit être exécutée au moment même où l'écrit acquiert la valeur juridique que le rédacteur a voulu lui conférer et l'Administration n'a pas à rechercher quelle est l'efficacité réelle de l'acte, ni, spécialement, si le contribuable aurait pu, par une combinaison quelconque, échapper à l'impôt en ne rédigeant pas la quittance. Nous verrons de multiples applications de ce principe.

## § 2. — *Titre libératoire. — Remise au débiteur.*

La quittance peut affecter une forme quelconque. Le législateur a voulu la saisir quelles qu'aient été les précautions prises pour échapper au droit. Le texte de la loi prévoit, en effet, non seulement les quittances, reçus ou décharges, mais « généralement tous les titres, *de quelque nature qu'ils soient*, qui emporteraient libération, reçu ou décharge », et le rapporteur expliquait ce texte en déclarant qu'il avait été adopté « pour empêcher qu'on ne parvienne à éluder les dispositions fiscales, au moyen de conventions ou déclarations faites à l'avance, ou de tout autre signe conventionnel, qui remplacerait la quittance, bien que la signature du créancier ne fût pas apposée sur le titre. »

Mais nous ne saurions trop le répéter, pour être assujettie au droit, la quittance doit être libératoire, c'est-à-dire valoir titre pour le débiteur; elle doit avoir pour lui une valeur probante qui lui permette de la produire en justice pour preuve.

Cette condition n'est remplie que si l'écrit émane du créancier et se trouve entre les mains du débiteur.

La première de ces conditions ne souffre pas de difficultés. Nul ne peut en effet se créer un titre à soi-même. Si le débiteur peut créer un titre contre lui (C. Civ., art. 1331), s'il peut en signalant certains faits établir des présomptions de sa libération, il ne saurait en aucun cas, par aucune mention, constituer un titre opposable au créancier. Aussi, le droit de timbre n'est-il pas dû sur les mentions de paiement que les commerçants ont l'habitude d'apposer, soit à la main, soit au moyen d'une griffe portant le mot « payé », sur les factures et mémoires qui leur sont adressés par leurs créanciers. Ces mentions sont en réalité des constatations d'ordre intérieur, un élément de compte pour la situation de la caisse ou pour la correspondance, et ce serait en vain que le débiteur produirait au Tribunal, pour établir sa libération, une attestation de cette nature.

La remise de l'écrit libératoire au débiteur soulève des questions plus délicates. La non exigibilité du droit jusqu'au moment de la remise au débiteur, a été consacrée *in terminis* par un arrêt de la Cour de Cassation, toutes chambres réunies, du 4 juin 1880 (1), qu'il est utile de rapporter à cause du principe qu'il consacre :

« Attendu, dit cet arrêt, que si l'emploi du papier libre

(1) D. P. 80. 1. 289; S. 80. 1. 321.

pour des quittances de sommes excédant 10 francs constituait nécessairement une contravention sous le régime de la loi du 13 Brumaire An VII, il n'en est plus ainsi sous l'empire de la loi du 23 août 1871, qui a autorisé l'acquittement de l'impôt du timbre sur les quittances au moyen de l'apposition d'un timbre mobile;

« Attendu que si la loi nouvelle n'a pas déterminé en termes exprès le moment précis où le créancier est tenu d'apposer le timbre mobile sur la quittance qu'il a préparée, cette indication résulte implicitement tant de son esprit que de son texte;

« Que, d'une part en effet, le droit de timbre désormais fixé à 10 centimes pour chaque quittance, constitue, suivant les termes mêmes du rapporteur de la loi, une taxe sur l'écrit libératoire; qu'il faut en conclure que l'apposition du timbre ne devient obligatoire qu'à l'instant où la quittance est remise au débiteur comme un titre constatant sa libération ;

« Que, d'autre part, suivant l'article 23 de ladite loi, le timbre est à la charge du débiteur; que, conséquemment, il n'est dû qu'au moment où le débiteur reçoit la quittance; que, contrairement à cette disposition, le timbre, s'il devait être apposé avant la remise de la quittance, resterait à la charge du créancier dans le cas où le débiteur, comme il est libre de le faire, refuserait toute quittance;

« Attendu que, s'il est de principe que les droits à recevoir par le Trésor lui sont acquis par le fait seul de l'existence matérielle des actes assujettis, sans que l'Administration de l'Enregistrement et du Timbre ait à se préoccuper soit des nullités dont ces actes peuvent être entachés, soit de l'usage qu'en peuvent faire les parties, ce principe ne saurait, d'après l'économie de la loi du 23 août 1871, avoir pour conséquence d'autoriser la Régie à faire abstraction des circonstances dans lesquelles la saisie d'une quittance a été opérée par elle, alors que ces circonstances démontrent que la quittance n'a pas encore revêtu le caractère libératoire qui la soumet à la taxe.

« Attendu que, de ce qui précède, il résulte qu'en décidant qu'il n'avait pas été contrevenu à la loi du 23 août 1871, ni au décret réglementaire du 27 novembre suivant, par la simple rédaction de quittances non revêtues d'un timbre, mais restées en la possession du créancier, et en annulant en conséquence la contrainte décernée par la Régie, le jugement attaqué n'a violé ni faussement appliqué aucun des textes précités. »

Nous nous demandons si cet arrêt, pris pour règle par la pratique, puisque l'Administration ne saurait réclamer un impôt que la jurisprudence condamne, est bien conforme aux règles du droit. Il semble d'ailleurs que la question n'avait pas été placée sur son véritable terrain.

L'Administration s'était bornée à faire valoir le caractère d'impôt de consommation, qui s'attache à l'impôt du timbre. « Le droit de timbre, avait déjà dit la Cour de Cassation, dans un arrêt du 2 janvier 1878, est un impôt de consommation qui doit être acquitté par l'emploi du papier timbré au moment de la rédaction de toute acte devant ou pouvant faire titre, et le droit est acquis au Trésor par la seule existence de cet acte, abstraction faite de sa validité, de son utilité juridique et de l'usage qu'on en peut faire. » Pour l'Administration, la nature libératoire du titre était donc inutile. La loi, disait-elle dans sa défense, assujettit à l'impôt les quittances sans aucune réserve et d'une manière absolue; si, ensuite, elle parle de tous autres titres emportant libération, c'est qu'elle a voulu atteindre non seulement les actes présentant les formes extérieures d'une quittance, mais encore toute autre pièce qui, au moyen de conventions arrêtées à l'avance, ou de signes conventionnels, serait destinée à remplacer la quittance ; les mots « autres titres emportant libération » signifient donc simplement « autres titres constituant pour le débiteur un acte susceptible de remplacer la quittance ». C'est donc ajouter à la loi que d'exiger que la quittance soit réellement libératoire. Vainement objecte-t-on que ce système blesserait l'équité en frappant de la taxe des écrits sans valeur légale; ce résultat est la conséquence nécessaire du principe que les droits sont dus indépendamment de la validité des actes assujettis à l'impôt. Il se justifie d'ailleurs par cette considération que la nullité des actes est imputable aux parties et que c'est leur imprudence qui les oblige à payer des droits pour des actes sans valeur.

M. le Conseiller Gast, rapporteur devant les Chambres réunies, a combattu cette thèse en faisant bserver que la loi du 23 août 1871 a inauguré un régime essentiellement différent de celui qui était autrefois en vigueur; qu'elle a tout à la fois modifié le principe du droit, son tarif et son mode de perception. Elle a voulu rendre l'impôt plus productif, d'une part en augmentant les moyens de contrôle, et d'autre part en créant des facilités de paiement par l'emploi d'un timbre mobile susceptible d'être oblitéré au moyen d'une simple griffe. En présence d'un changement de système aussi complet, c'est exclusivement dans les dispositions de la loi nouvelle qu'il faut chercher la solution des difficultés que son exécution peut faire naître. Mais, fussent-elles encore en vigueur, en ce qui concerne les quittances, les anciennes règles sur l'exigibilité de l'impôt n'auraient pas pour effet de rendre passible du droit une quittance simplement préparée par le créancier et non encore remise au débiteur. Dans ces conditions, la quittance ne pourrait pas être considérée comme un acte entaché d'une nullité dont le fisc n'ait pas à se préoccuper. L'acte est plutôt inexistant, ou imparfait; en effet, destinée à constater le paiement fait au créancier, et la libération consécutive du débiteur, la quittance, en cet état, ne prouve encore ni l'un ni l'autre de ces deux faits. La quittance ne devient parfaite que par la remise au débiteur; jusqu'à ce moment, l'aveu du paiement, émané du créancier, peut être rétracté par lui.

Ces considérations, nous l'avons vu d'après le texte de l'arrêt, ont prévalu. L'écrit n'est donc soumis au timbre que s'il est libératoire.

Mais est-ce qu'un écrit ne peut pas être libératoire sans avoir été remis au débiteur ?

Les articles 1331 et 1332 du Code Civil sont formels à cet égard. Les écrits et papiers domestiques, dit le premier, font foi contre celui qui les a écrits « dans tous les cas où ils énoncent formellement un paiement reçu ». De son côté, l'article 1332 déclare que « l'écriture mise par le créancier à la suite, en marge, ou au dos d'un titre qui est toujours resté en sa possession, fait foi, quoique non signée ni datée par lui, lorsqu'elle tend à établir la libération du débiteur ».

Ces écrits rentrent incontestablement au nombre de ceux dont parle l'article 18 de la loi en désignant les titres, de quelque nature qu'ils soient, qui emportent libération. La loi n'a pas ajouté que ces titres doivent se trouver en la possession du débiteur libéré; il n'est donc pas permis d'ajouter à son texte et de soumettre son application à des conditions que le législateur n'a pas énoncées.

Tout en admettant la doctrine de la Cour sur la nécessité du caractère libératoire que doit affecter l'écrit, pour devenir assujetti à l'impôt du timbre de 10 centimes, nous ne saurions accepter l'application qu'elle en a faite aux quittances rédigées mais non délivrées.

Il va sans dire d'ailleurs que le droit de timbre ne peut être réclamé lorsque l'écrit est, par sa nature même, destiné à rester entre les mains du créancier, et n'affecte que la forme d'une inscription d'ordre ou de comptabilité; nous en avons donné des exemples déjà, à propos de l'apposition sur les factures du mot « payé ». Toute volonté de constituer un titre pour le débiteur doit, dans ces circonstances, être écartée, et nous sommes loin des cas prévus par les articles 1331 et 1332.

## *SECTION III*

### Forme de l'écrit

#### § 1er. — *Généralités.*

La loi, avons-nous dit, frappe les quittances sous seing privé, quelle que soit leur forme ; l'exposé des motifs annonce même qu'elle veut atteindre tous signes conventionnels pouvant faire preuve de la libération.

Nous poserons donc en principe qu'un écrit quelconque, quelle que soit son apparence, est assujetti au timbre s'il constate une libération ou si l'Administration peut établir son véritable caractère de titre libératoire. L'application de ce principe ne laisse pas de présenter de nombreuses difficultés.

#### § 2. — *Lettres missives.*

Bien des commerçants et des Chambres de Commerce ont cru pendant longtemps que la lettre adressée à un fournisseur ou à un client ne pouvait être assujettie au droit. Ces lettres constitueraient, selon leur impression, qu'une simple correspondance, laquelle ne pourrait être assimilée à l'écrit créé spécialement pour constater un paiement, une libération.

Cette appréciation résulte d'un examen trop superficiel des faits. La lettre commerciale est exempte de timbre, aussi bien que la lettre non commerciale, mais pas plus que cette dernière. Elle constitue avant tout un écrit, et si cet écrit est rédigé dans le but de faire titre, il est soumis au timbre de dimension ou au timbre de quittance, selon la nature du titre qu'il contient. Admettre un principe contraire serait autoriser le créancier à délivrer des quittances sans timbre, en donnant à son reçu l'apparence d'une lettre.

Il est impossible, en effet, le plus souvent d'affirmer qu'une lettre reçue a été expédiée par la poste ou autrement et n'a pas été remise directement au débiteur. Ce serait surtout subordonner à la forme de l'écrit l'exigibilité du droit de timbre, et se mettre ainsi ouvertement en contradiction avec la loi du 23 août 1871, qui ne s'occupe pas de la forme de rédaction adoptée.

Le législateur s'est d'ailleurs indirectement prononcé dans le sens de l'application du timbre à la lettre missive. La loi du 30 mars 1872, dont nous allons bientôt parler, exempte du droit les reconnaissances et reçus, *même par lettre*, des mandats ou effets à négocier, accepter ou escompter. Si la loi a cru devoir expressément mentionner, pour les exempter du droit, les reconnaissances ou reçus donnés par lettre, c'est que, sans cette disposition restrictive, les lettres missives auraient été soumises au droit de timbre, et cet assujettissement à l'impôt ne pourrait résulter que du texte de l'art. 18 de la loi du 23 août 1871.

La lettre peut d'ailleurs aussi bien être soumise au droit de timbre de dimension, si elle constate une transmission immobilière, ou toute autre stipulation destinée à faire titre. On ne comprendrait donc pas une disposition législative qui l'exonérerait du timbre des quittances.

On doit conclure de même pour les cartes postales, qui ne sont qu'une forme de la lettre.

Il va sans dire d'ailleurs que les agents des Postes, autorisés à constater les contraventions en matière de timbre des quittances, ne sauraient dresser des procès verbaux au vu de lettres dont ils n'ont pas le droit de prendre connaissance. Les contraventions à la loi de 1871 peuvent être constatées sur tout écrit non timbré sans que l'agent verbalisateur soit tenu d'expliquer comment il a eu connaissance de cet écrit; mais il n'en résulte pas qu'il soit autorisé à enfreindre les règles générales ou à commettre lui-même une contravention à ses propres règlements, pour parvenir à ce résultat. C'est ainsi que les agents des Postes, n'ayant pas le droit de prendre connaissance du contenu d'une carte postale, ne pourraient constater sur cet écrit une contravention qui pourra être ultérieurement relevée quand le destinataire l'aura classée dans ses documents comptables. (1)

### § 3. — *Accusés de réception.*

L'accusé de réception est une lettre. Nous venons d'expliquer que ce caractère n'a pas pour effet de le soustraire au droit, s'il est libératoire. Par suite, si cet écrit constate la réception d'une somme payée en numéraire, il est incontestable qu'il doit être revêtu du timbre.

Maîs il ne se présente généralement pas ainsi. Les paiements qui ont lieu par correspondance sont effectués au moyen de chèques ou de billets, et une difficulté particulière se présente : la loi du 30 mars 1872, art. 4, dispose en effet que les reçus d'effets de commerce à négocier, à accepter ou à escompter, lorsqu'ils sont donnés, soit par lettre, soit autrement, sont exempts du droit de timbre des quittances. Nous retrouverons cette disposition en parlant des exceptions, mais nous devons dès maintenant en préciser la portée.

(1) D. M. F. 15 février 1873; D. P. 74. 3. 87.

Le but de la loi de 1872 a été d'exonérer de l'impôt les diverses manipulations commerciales que subissent les effets de commerce, déjà soumis à un droit de timbre proportionnel ; il a paru que ces accusés de réception et reçus n'étaient en définitive que des écritures d'ordre, puisqu'ils ne constituaient que des opérations antérieures à la libération du débiteur, complète seulement au moment de l'acquit du billet; cet acquit, d'ailleurs, est lui-même exempt du droit; la pensée du législateur est donc bien évidente : le droit proportionnel couvre tout autre droit de timbre dû à raison de la dette que constate le billet.

Le même principe s'applique pour le même motif au chèque, assujetti par la loi du 23 août 1871, au droit de timbre de 0 fr. 10 lorsqu'il ne doit pas sortir de la ville où il a été créé, et au droit de timbre de 0 fr. 20 (art. 8 de la loi du 19 février 1874), lorsqu'il doit circuler hors du lieu de sa création.

Mais cette disposition exceptionnelle de la loi du 30 mars 1872 doit être maintenue dans les limites que le législateur lui a assignées, et ne s'applique qu'aux reçus purs et simples d'effets de commerce ou de chèques. Si, en même temps qu'il accuse réception des effets, le créancier constate la libération de son débiteur, la règle générale reprend son empire; l'écrit est libératoire, et le droit de timbre est exigible.

On serait peut être tenté de dire que cette libération est conditionnelle, et dépend du paiement à l'échéance de l'effet présenté. Mais nous remarquons tout d'abord que cette condition ne peut exister en matière de chèque. Ce document suppose en effet l'existence, entre les mains du banquier, ou du tiers sur lequel il est tiré, d'un dépôt préalable, disponible; aucun doute ne peut donc se présenter pour le paiement. Quant à l'effet de commerce, il peut, il est vrai, n'être pas payé à l'échéance, mais il n'en est pas moins certain que sa remise au créancier a libéré le débiteur ; le créancier ne peut plus, en effet, exercer aucune poursuite; son titre, résultant d'un ordre de livraison, d'un marché, d'un traité quelconque, se trouve éteint, nové, et remplacé par l'écrit signé du débiteur, reconnaissant la dette. A défaut de paiement à l'échéance, et sauf des cas limités et exceptionnels, le créancier se bornera à poursuivre le règlement du billet, et non de la dette qu'il représente. On peut donc dire que la remise de l'effet ou du chèque libère le débiteur.

La simple constatation par l'Administration de l'accusé de réception de ce titre négociable, et en outre de l'existence antérieure d'une dette, devrait donc lui permettre de réclamer le droit de timbre de 10 centimes, si la loi du 30 mars 1872 ne s'y opposait d'une manière absolue, par son texte et par son esprit. Mais le créancier crée souvent le titre libératoire; il ne se borne pas à un accusé de réception pur et simple; il ajoute que la remise du chèque ou de l'effet a lieu en paiement ou pour solde de sa facture; cette constatation suffit à rendre le droit exigible, puisqu'elle crée la matière imposable.

Aussi, l'Administration ne manque-t-elle pas de faire une distinction, qui peut se résumer comme suit :

*a*) Accusé de réception de chèque ou effet à porter immédiatement ou après paiement au crédit du débiteur : exemption du timbre;

*b*) Accusé de réception de chèque ou effet, en paiement, à valoir ou pour solde d'une dette, d'une facture, d'une livraison antérieure : droit exigible.

Dans la pratique commerciale, bien des négociants acquittent le droit de timbre sur ces accusés de réception et auraient pu l'éviter en modifiant leur formule; l'utilité juridique d'une constatation de la libération n'existe pas, en effet, les comptes entre fournisseurs et clients s'établissant par une série d'articles de doit et d'avoir qui se résument en une balance et un reliquat; il suffit donc au créancier de déclarer qu'un versement, une remise d'effets est inscrite au crédit du débiteur, pour que celui-ci se considère comme libéré jusqu'à concurrence du montant de cet effet.

Tous les autres accusés de réception, qui ne rentrent pas dans l'exception dont nous venons de parler, sont soumises au timbre de 10 centimes.

L'Administration a poussé la conséquence de ce principe un peu loin, nous semble-t-il, lorsqu'elle a décidé que l'accusé de réception de valeurs ou d'objets inscrit dans la « *Correspondance* » d'un journal qui ne désigne la partie payante que par des initiales, constitue un titre libératoire soumis au timbre; elle ajoute, il est vrai qu'il n'est dû qu'un seul droit, et que tous les journaux ne doivent pas être revêtus du timbre. Mais cette concession est illogique; nous allons voir que les duplicata de quittances n'échappent pas au droit; or, si l'un des journaux peut être considéré comme le titre libératoire, tous les autres sont des duplicata. On soutiendrait vainement que le débiteur n'en possède qu'un exemplaire; cela n'est pas exact, d'abord, puisque ce débiteur peut s'en procurer un grand nombre, les journaux étant ordinairement à la disposition du public; d'autre part, l'Administration ne peut savoir si ce débiteur en possède un ou plusieurs, puisqu'il n'est pas connu, son nom n'étant indiqué que par une initiale. Pour le même motif, l'Administration ne pourrait prouver que la personne ainsi désignée est un abonné et recevra nécessairement un exemplaire du journal. Enfin, dès lors que l'Administration admet qu'un seul droit est exigible, comment constatera-t-elle que ce droit n'a pas été payé ? Elle saisira de nombreux exemplaires non timbrés; mais cela ne suffit pas; elle est dans l'obligation de saisir tout le tirage pour prouver qu'aucun exemplaire n'a été timbré; c'est impossible, d'autant plus que, d'après la théorie même de l'Administration, un seul numéro du tirage est soumis au timbre, et que ce numéro est celui qui se trouve entre les mains du débiteur; ceux qui ne lui ont pas été remis ne pouvant constituer pour lui un titre libératoire. Mais ce débiteur n'étant pas connu, et l'Administration n'ayant pas d'ailleurs le droit d'effectuer des investigations à son domicile, elle ne pourra dans aucun cas fournir la preuve de l'exigibilité du droit. Nous ne pouvons donc que regretter l'affirmation de doctrines de cette nature, inapplicables en fait, et dénuées de toute valeur juridique.

### § 4. — *Quittances non signées.*

Un écrit non signé n'est, en principe, opposable à qui que ce soit, et ne peut par suite faire titre au profit d'une personne quelconque. Aussi, d'après les règles de la loi du 13 Brumaire An VII, l'acte non signé n'est-il pas assujetti au timbre.

La loi du 23 août 1871 a consacré une dérogation à cette règle générale : l'article 18 dit expressément que les quittances signées ou non signées sont soumises au timbre. Cette disposition fait partie des mesures prises par le législateur pour assurer le paiement de l'impôt qu'il créait, atteindre tous les écrits pouvant servir de base à la justification d'un paiement sans emporter une preuve absolue. Il faut bien admettre que, sans cette précaution, un grand nombre de quittances auraient échappé au droit du timbre.

Mais c'est spécialement dans cette hypothèse que la remise de l'écrit au débiteur est indispensable pour constituer le titre imposable. Une pièce non signée qui, par elle-même ne fait pas titre, perd toute valeur probante si elle est trouvée entre les mains du créancier : pour éviter le droit, il suffirait, en effet, à celui-ci de déclarer que l'absence de signature est la preuve la plus manifeste qu'il n'a pas reçu la somme qui s'y trouve portée, et que cette signature a précisément été réservée jusqu'au moment de la libération du débiteur : le titre libératoire faisant alors défaut, tout droit de timbre manque de base.

Pour l'exigibilité du timbre, il ne suffirait pas, d'ailleurs, qu'un écrit constatant la libération du débiteur fût trouvé entre les mains de celui-ci; une pareille doctrine aurait des conséquences inadmissibles, puisqu'elle supposerait le droit de timbre applicable à une quittance rédigée par le débiteur lui-même; il faut qu'en dehors de la quittance même, il se rencontre d'autres indications, d'autres circonstances, établissant l'origine de l'écrit et prouvant qu'il a été rédigé par le créancier. C'est ainsi que l'Administration ne fait aucune difficulté pour exonérer du droit de timbre l'écrit non signé qui serait supposé émaner d'un créancier illettré, puisqu'on ne peut soutenir que ce créancier ait participé à la rédaction de la quittance. (1)

L'application la plus générale du principe a lieu en matière de factures acquittées; nous parlerons tout à l'heure de cette nature de documents, mais il convient de faire remarquer ici que la facture est ordinairement rédigée sur des formules, à en-tête de la maison de commerce qui les délivre; on ne saurait donc soutenir que la pièce, si elle porte une mention libératoire, n'émane pas du créancier.

La jurisprudence a fait de la règle générale une application que nous ne pouvons approuver, en matière de bordereaux de coupons présentés au guichet des établissements de crédit ou de la société débitrice. On sait comment s'effectuent ces paiements. Le créancier, porteur des titres, en détache les coupons, dont il dresse un relevé sur un imprimé fourni par la banque à laquelle il s'adresse, pour en demander le paiement; il signe ou ne signe pas ce relevé; la banque annexe les coupons au bordereau, oblitère le tout avec un cachet portant le mot « payé », ou « au débit du

(1) Sol. des 19 juin 1874 et 9 août 1878.

compte général », et règle le montant total du bordereau. La Cour de Cassation décide que ce bordereau est soumis au timbre de 10 centimes, comme emportant libération, par signe conventionnel. (1) Ces décisions ne sont certainement pas fondées; la libération ne résulte pas d'un écrit; le porteur des coupons a établi un bordereau des sommes qui lui sont dues, et en a réclamé le paiement; ce document ne saurait, pas plus qu'une facture non acquittée, constater ou même faire supposer le reçu du montant des coupons; le versement résulte en fait de la remise des coupons, de leur détention par la banque. Que l'on considère ces coupons comme des quittances préparées d'avance pour constater le paiement d'intérêts exigibles en vertu d'un titre qui est soit l'obligation, soit l'action, nous pourrions le comprendre; il y a là en effet un signe conventionnel emportant libération, et qui peut s'expliquer ainsi : la possession du coupon par la société justifie de sa libération. Que l'on assujettisse donc ce coupon au droit de 10 centimes lorsqu'il excède 10 francs; la chose est admissible. Mais ce qui est inexplicable, c'est que la Cour de Cassation prétende voir un titre dans un bordereau qui, dans l'esprit des parties, et en droit strict, n'a jamais pu avoir cette portée. Les motifs de ces décisions judiciaires sont des plus bizarres et des moins probants; nous nous bornons à les rappeler sans leur consacrer une contradiction qu'ils ne comportent pas : « Attendu que si, au moment de leur présentation au guichet de la société, les bordereaux ne contiennent encore qu'une réquisition de paiement, ils prennent un autre caractère, alors que, après vérification des coupons, de leur nombre, de leur échéance et de leur valeur, ils sont acceptés par la société avec cette mention qu'ils sont présentés par leur détenteur, pour que

(1) Cass. 11 février 1874 : S. 74. 1. 233; — D. P. 74. 1. 473 — et 5 juillet 1905; D. P. 1907. 1. 150.

le montant total soit porté au débit du compte général; que dans ces conditions, les bordereaux constatent la réalisation du paiement et la libération effective de la société, sans qu'il soit nécessaire pour cela qu'elle fût débitrice des dits coupons ou que l'exposant fût tenu de les lui remettre. »

En publiant le dernier de ces arrêts, le recueil Dalloz (1) ne peut se décider à en admettre la doctrine. On a quelque peine, dit-il, à comprendre qu'un simple bordereau de coupons qui, de l'aveu de tous, ne présente pas les caractères d'un titre libératoire, au moment où le créancier le présente aux guichets d'un établissement de crédit, puisse acquérir ultérieurement ce caractère entre les mains de ce dernier et par son fait.

On ne saurait mieux dire et exprimer avec plus de concision la base de l'erreur de la Cour. Mais l'arrêtiste a tort, à notre avis d'ajouter que si l'interprétation adoptée par la Cour de Cassation dépasse la lettre du texte, il faut reconnaître qu'elle est en harmonie avec l'esprit de la loi, tel qu'il se dégage des observations et déclarations échangées à la tribune de l'Assemblée Nationale lors de la discussion de la loi du 23 août 1871. Il n'existe en effet dans ces observations et déclarations aucun mot, aucune phrase d'où l'on puisse conclure que le droit de timbre serait dû sur un écrit qui tirerait sa force libératoire *du fait du débiteur*, ou plutôt que le droit de timbre serait dû non sur un écrit, mais sur le *fait* de la possession par le débiteur de documents qui ne peuvent être en sa possession que s'il a payé. Le droit de timbre, nous le répéterons encore souvent, est dû sur le papier employé à la rédaction d'un écrit, et non sur des faits ou des intentions. Que le législateur ait voulu saisir la matière imposable sous toutes les formes qu'elle pouvait prendre, cela n'est pas douteux; mais encore a-t-il voulu

(1) D. P. 74. 1. 473.

borner l'impôt aux écrits. Bien que la doctrine de la Cour de Cassation puisse être considérée comme définitive, puisqu'elle émane à la fois de la Chambre des Requêtes et de la Chambre Civile, nous ne saurions la considérer comme juridique; elle constitue en réalité une extension de la loi fiscale et une aggravation de l'impôt non voulue par le législateur. Cette substitution du pouvoir judiciaire au pouvoir législatif, sous prétexte d'interprétation, ne se rencontre que trop souvent en droit fiscal, et mérite d'être signalée en toute occasion.

## § 3. — *Quittances par duplicata.*

Le droit de timbre est un impôt de consommation. On a cherché à infirmer cette règle en faisant observer que la quittance n'est pas soumise au timbre si elle n'est pas libératoire, et ne constitue pas un titre entre les mains du débiteur. Nous estimons au contraire que, dans la rigueur des principes, la quittance doit être timbrée, par cela seul qu'elle est rédigée, sans qu'il y ait lieu de rechercher entre quelles mains elle se trouve, puisque le fait seul de sa rédaction nécessitait l'emploi du papier timbré, ou, depuis la loi du 23 août 1871, l'apposition d'un timbre mobile. Toute transaction sur cette règle, qui résulte de la volonté formelle du législateur, constitue une atteinte à tous les principes, et substitue l'incertitude et les insolubles contestations à l'application facile et certaine de la loi.

Ce danger des infractions aux principes apparaît avec évidence en matière de duplicata de quittances. S'il ne suffit pas en effet qu'un titre libératoire soit rédigé pour rendre exigible l'impôt, de quel droit, en vertu de quelles déductions juridiques imposerait-on les duplicata de quittances ? On ne libère pas deux fois un même débiteur d'une même dette; par suite, deux quittances délivrées pour une même somme, au même débiteur, ne sauraient être assujetties toutes deux au droit de timbre; l'une d'elles a certainement précédé l'autre; et le débiteur s'étant, dès la date de ce premier titre, trouvé libéré, toute quittance délivrée ultérieurement ou à la même date, ne peut plus être considérée comme libératoire, et par suite comme donnant ouverture au droit de 10 centimes.

Aussi, la jurisprudence, reculant devant ces conséquences nécessaires, émue surtout par la facilité d'une fraude qui consisterait à présenter comme des duplicatas toutes les quittances, est-elle unanime à sanctionner les réclamations du droit de timbre sur tout titre ayant la forme libératoire, sans s'arrêter à la mention « *par duplicata* ».

En droit, la solution de la question ne saurait offrir de difficulté sérieuse. Un titre est libératoire, ou il ne l'est pas. S'il l'est, le timbre est dû; il importe peu que le titre créé doive produire des effets, ou que la libération soit attachée aux quittances antérieures.

La loi du 23 août 1871 ne fait aucune distinction et impose les quittances sans se préoccuper de la question de savoir à quel usage elles pourront servir. S'il convient aux parties de délivrer ou de se faire délivrer deux ou trois titres constatant la même libération, l'Administration n'a pas à rechercher l'usage qu'il en pourra être fait. Dans l'esprit du creancier ou du débiteur, l'une des pièces doit se substituer à l'autre à un moment, à un lieu ou dans des circonstances déterminées, circonstances très variables et qu'il est impossible à un tiers d'apprécier. Chacune des pièces ainsi rédigées pouvant produire ses effets, on ne voit pas pour quel motif l'une ou l'autre, arbitrairement choisie, serait exempte du timbre et profiterait d'une exonération que le législateur n'a pas voulu prévoir.

Nous en concluons que les quittances par duplicata, qu'elles soient délivrées simultanément ou successivement, sont passibles du timbre de 10 centimes.

A cette règle, certaines exceptions doivent toutefois être admises, exceptions rentrant toutes, d'ailleurs, dans le même cadre : le droit n'est pas dû si l'une des quittances ne doit constituer qu'un document d'ordre intérieur, ou si sa création est exigée par les règles de comptabilité du débiteur : tel est le cas où à une facture régulièrement acquittée est annexé un mandat délivré par les ordonnateurs de l'Etat, d'une commune, ou d'un département, et qui doit être revêtu de la signature de la partie prenante. Il est certain que, dans ce cas, la libération existe par le fait seul de la signature du mémoire : le mandat n'est plus qu'une pièce d'ordre portant certaines références indispensables aux écritures de la comptabilité publique, et complétant à cet égard les indications insuffisantes de la quittance pure et simple apposée au pied de la facture : les deux pièces n'en font en quelque sorte qu'une seule, et un seul droit est exigible; aussi l'Administration décide-t-elle que l'exonération frappe l'une ou l'autre de ces pièces, indifféremment, et qu'il n'y a pas à examiner laquelle des deux a été créée la première. Les deux titres peuvent servir séparément, il est vrai, mais en matière de comptabilité publique, il ne saurait y avoir titre complet sans la production du mémoire ou de la facture; de même, le Trésor ne considérerait pas comme valable une quittance qui ne reproduirait pas les indications relatives à l'ordonnancement et qui n'existent que sur le mandat. Ces conditions de forme ont une influence assez grande sur les effets juridiques du titre pour que l'Administration ait, dans ce cas spécial, fait fléchir la rigueur des principes généraux. La règle posée, elle en a fait l'application dans les cas les plus divers. C'est ainsi qu'elle décide que, dans le cas où la somme payée et quittancée au pied du mémoire a fait l'objet de plusieurs mandats délivrés simultanément, et entre lesquels cette somme est répartie, chacun des acquits donnés sur les mandats n'est qu'une quittance d'ordre, et qu'un seul timbre suffit pour l'ensemble des titres ; elle décide de même que si un seul mandat correspond à plusieurs mémoires quittancés, délivrés par une même personne, l'apposition d'un timbre sur le mandat constatant le paiement total est suffisant. (1)

De même, pour un motif analogue, serait exempt du droit l'accusé de réception d'un mandat, d'un chèque, d'un effet, voire même d'une somme d'argent, en paiement d'une facture antérieure, si cet accusé de réception constatait l'annexe d'une quittance spéciale. Dans ce cas, le caractère de lettre missive serait prédominant et dispenserait la lettre du droit de timbre. Une condition toutefois est nécessaire : c'est que la quittance timbrée puisse être représentée. Si en effet le débiteur se bornait, pour établir sa libération, à produire la lettre d'envoi, il prouverait ainsi qu'il attache lui-même à ce document un caractère libératoire qu'il ne saurait refuser de reconnaître lorsqu'il s'agit de l'application du droit de timbre. L'Administration pourrait, d'autre part, soutenir avec raison que la forme adoptée a eu pour seul but d'éviter la création d'une quittance régulière, devenue inutile par cela seul que son existence a été constatée : en effet, reconnaître avoir reçu une somme, ou déclarer que l'on adresse un titre constatant que l'on a reçu cette somme c'est la même chose au point de vue de la libération du débiteur. En conséquence, si la lettre est trouvée ou produite sans la quittance timbrée, l'Administration peut réclamer le droit et l'amende. Le rédacteur de la lettre soutiendrait vainement qu'il a créé les deux documents, qu'il ne saurait être responsable de la négligence du débiteur qui a perdu ou détruit la quittance : lui seul, créancier, a rédigé les écrits ; il lui

---

(1) Il faut, bien entendu, qu'il s'agisse d'une seule et même créance, car dans le cas contraire, on ne pourrait plus soutenir que les diverses quittances fournies sont des quittances d'ordre. (Sol. des 9 août 1878 et 27 septembre 1888).

appartenait donc de le faire de telle sorte que sa responsabilité ne pût en aucune occasion être mise en jeu.

Enfin, en dehors des cas où il s'agit de la comptabilité publique, l'exemption de timbre apparaît encore comme certaine lorsqu'il s'agit des doubles de quittances délivrées par une société dont la division des services exige la création de pièces multiples; mais dans ce cas, toutes les pièces créées, et spécialement celle qui porte le timbre, doivent pouvoir être représentées simultanément, à la réquisition des agents du fisc. Il importe en effet de pouvoir constater à toute époque, que les duplicata n'étaient que des documents d'ordre intérieur, contribuant au point de vue des écritures à une seule libération ayant donné ouverture au droit de timbre.

## § 6. — *Signes conventionnels.*

Le législateur a été dans l'intention d'atteindre les signes conventionnels, c'est-à-dire toute écriture dont peut résulter la preuve de la libération, par rapprochement avec les faits et circonstances extrinsèques. La théorie fiscale en cette matière repose sur l'hypothèse suivante : deux parties traitant fréquemment des affaires ensemble conviennent par écrit que l'apposition au bas d'une facture d'un cachet d'une certaine forme constituera la preuve du paiement.

Dans ce cas, il est manifeste que la libération résulte de ce signe, qu'elle peut être prouvée par le débiteur au moyen de la production de la convention et de la facture. Mais la Régie est dans l'obligation de faire la preuve de l'existence du titre; pour réclamer l'impôt du timbre sur les factures, elle doit justifier de l'existence d'un accord antérieur; dans ces circonstances, comme en toutes autres, elle peut, suivant les règles générales du droit fiscal, faire la preuve par les présomptions simples de l'art. 1353 du Code Civil.

On ne peut que louer la prudence du législateur, qui n'a pas fait dépendre la valeur libératoire d'un écrit de la rédaction adoptée, de la forme plus ou moins explicite, et qui a voulu taxer le titre partout où le juge le trouverait, en se basant non seulement sur le texte, mais, comme il vient d'être dit, sur des conventions gardées plus ou moins secrètes, ou sur les usages commerciaux, ou même sur les usages adoptés pour plus de commodité et de rapidité par certains commerçants et certaines entreprises.

Une première application de ce principe a été faite par le rapporteur de la loi du 23 août 1871, aux billets de chemins de fer. « Les termes généraux de l'art. 18, dit-il, comprennent dans leur définition les billets de chemins de fer, car ces billets emportent libération et décharge; par conséquent, lorsqu'un billet donnera lieu à une perception supérieure à 10 francs, il sera sujet au droit de timbre de dix centimes. Ainsi, pour un trajet en chemin de fer d'environ 80 kilomètres et au-dessus, en première classe, le voyageur paiera une taxe supplémentaire de 10 centimes; en seconde classe, la taxe ne sera perçue que pour un trajet de plus de 115 kilomètres; elle ne sera exigible qu'à partir de 150 kilomètres en troisième classe. La commission n'a pas considéré le bulletin de bagages comme un reçu d'objets, mais comme un reçu de sommes. Par suite, il ne donnera ouverture au droit de dix centimes que lorsque le prix de l'excédent de bagages s'élèvera au-dessus de 10 francs. »

Le rapporteur interprétait lui-même ainsi la loi, mais il est évident qu'il n'a pas eu la prétention de prévoir tous les cas où des signes conventionnels seraient imposés. L'exemple choisi a, depuis, été appliqué à tous autres billets que ceux des chemins de fer. Les billets de chemins de fer affectent d'ailleurs eux-mêmes différentes formes, et l'Administration a dû, par différentes solutions, prescrire le paiement du droit dans des cas spécialement désignés.

C'est ainsi qu'il a été décidé que, sur les billets d'aller

et retour, le droit est dû sur le montant total du billet, sans qu'il y ait lieu de tenir compte du nombre de voyages; c'est le titre unique ne effet qui est imposable, et l'on ne saurait diviser le prix porté; de même, en cas de billet collectif, le droit est dû si le prix total dépasse 10 francs, et il n'est dû qu'un seul droit, alors même que chacune des places serait d'un prix supérieur à 10 francs. Mais si, en outre du billet collectif, une carte particulière est remise à chacun des voyageurs, cette carte doit aussi être timbrée, puisqu'elle forme un titre distinct.

De même, s'il est remis des cahiers de billets dont chacun doit servir pour un voyage distinct, la réunion de ces reçus n'empêche pas le droit de timbre d'être dû sur chacun d'eux; toutefois si le prix total du cahier est déterminé d'après l'ensemble des billets et à cause de leur réunion; s'il est fait par exemple une réduction sur le prix ordinaire, la quittance devient unique et porte sur l'ensemble des billets : un seul droit est applicable. Les billets circulaires se composent de différents coupons détachables à des points d'arrêt déterminés, mais ces coupons ne sont que des formes d'utilisation d'un billet unique dont le prix est calculé d'après la longueur du voyage total et n'est pas divisible; le droit n'est donc dû qu'à raison du prix payé pour tout le voyage. La même règle s'applique aux billets d'aller et retour utilisables dans un délai déterminé et délivrés par séries; c'est le prix total de la série qui détermine l'exigibilité du droit.

Aucune distinction n'existe entre les billets ordinaires et les billets à prix réduits remis aux militaires; c'est toujours le montant de la somme réellement payée qui doit être envisagé.

Quant aux cartes d'abonnement, si elles ne contiennent que la désignation du parcours, la durée de validité et le montant du prix, elles sont assimilées à des billets ordinaires, c'est-à-dire à des quittances et soumises au paiement du droit de timbre de 10 centimes; mais si ces cartes contiennent les conditions dans lesquelles elles doivent être employées, les engagements réciproques pris par la Compagnie et par le voyageur, ou par celui-ci seulement, elles ne constituent plus des quittances pures et simples, et par application des distinctions que nous avons exposées, c'est le droit de timbre de dimension (0 fr. 60, 1 fr. 20, etc.), qui est dû, à l'exclusion du timbre de 10 centimes.

Ces règles ne sont pas spéciales aux billets de chemins de fer; elles s'appliquent encore aux billets de théâtre, aux coupons de location, aux cartes d'entrée et aux cartes d'abonnement des établissements de bains et casinos, et en général à tous les billets ou cartes qui peuvent être délivrés par d'autres entreprises. Dans tous les cas, la pièce remise est une quittance de la somme payée, quelle que soit sa forme. Ce n'est pas nous aventurer que de dire que bien souvent ce droit n'est pas payé, les sociétés ou associations qui délivrent accidentellement des billets pour des occasions déterminées ignorant leurs obligations fiscales, et l'Administration n'étant pas souvent en mesure de constater les contraventions.

Nous examinerons plus loin les règles qui régissent les perceptions supplémentaires.

Quant aux bulletins de bagages, on ne peut qu'adopter l'interprétation ci-dessus reproduite du rapporteur lui-même, et décider qu'ils sont des reçus de sommes, et non des reçus d'objets. Cette affirmation du rapporteur n'a pas été superflue, car en droit, il est certain que le bulletin de bagages est plutôt un titre constatant la remise d'objets et permettant la réclamation en cas de perte ou d'avarie, qu'un reçu du prix de transport. Mais, d'après la théorie que nous exposerons plus loin, et d'après laquelle le reçu valant décharge peut seul être soumis à l'impôt, le bulletin de bagages, s'il n'était pas considéré comme un reçu de sommes, devrait être imposé non comme une décharge dont il n'a que l'apparence, mais comme un titre ordinaire, assujetti au droit de timbre de dimension de 0 fr. 60.

La théorie des signes conventionnels emportant libération reçoit encore son application en matière de paiement à l'aide de jetons; ces jetons sont la représentation du numéraire; ils sont une monnaie conventionnelle, et le reçu qui en est délivré, si la somme ainsi payée dépasse 10 francs, est évidemment assujetti au droit de 10 centimes. Il en est de même des tickets qu'il est d'usage aux agents d'assurances de remettre aux caissiers des compagnies, pour toucher leur traitement (1); ces documents constatent la libération des comptables et de la compagnie, et aucun motif ne saurait les dispenser du timbre.

Les développements qui précèdent ne sont, bien entendu, que des exemples d'application d'une règle aussi générale que possible; quel que soit le nom donné au titre représentant la libération, bon, avoir, etc... le droit de timbre est toujours dû si le caractère libératoire peut être établi; dans la discussion des divers cas qui peuvent se produire, c'est toujours à ce critérium qu'il est nécessaire de se référer, pour reconnaître la valeur juridique de la pièce créée.

## § 7. — *Factures.*

La facture n'est pas une quittance; c'est un relevé des opérations faites entre commerçants, ou entre un commerçant et un particulier; elle peut d'ailleurs porter différentes dénominations : facture, relevé de comptes, note, etc... Elle n'est pas par elle-même assujettie au timbre, puisqu'elle ne constate aucune libération, et qu'elle ne saurait former titre, soit pour celui qui la délivre, soit contre lui.

---

(1) Sol. 12 février 1873.

Le droit de timbre des quittances n'est donc applicable aux factures qu'à raison des mentions de paiement qu'elles peuvent porter. Ces mentions affectent souvent des formes spéciales : c'est pour ce motif que nous devons en faire l'objet d'un paragraphe distinct.

Si, à la suite du détail des sommes dues, le fournisseur inscrit les mots « pour acquit », il est hors de doute qu'il constate ainsi, sans discussion possible, la libération du client; mais, dans les usages commerciaux, cette libération n'est pas souvent établie sous une forme aussi certaine. Toutes les sortes de mentions de paiement sont employées. Les plus usuelles sont les mots « payé », « comptant », ou « payé comptant ». Il n'est pas rare de rencontrer des commerçants persuadés que la constatation d'un paiement immédiat ne donne pas lieu à l'application du timbre. La dette, dit-on, n'est pas née, le fournisseur ne délivre donc pas un titre libératoire. Cette appréciation ne résiste certainement pas à l'examen. La dette est bien née par le fait seul de la livraison de la marchandise; l'attestation du paiement du prix libère donc bien l'acheteur. La seule question intéressante consiste à déterminer la valeur probante des diverses mentions apposées. Les mots « payé comptant » prouvent pleinement la libération; s'ils sont inscrits de la main du fournisseur, même non signés, le droit de timbre est dû. On doit présumer d'ailleurs que c'est le fournisseur qui écrit ces mots; on ne comprendrait pas en effet dans quel but l'aurait fait l'acheteur.

De même, le mot « comptant » prouve la libération lorsqu'il est écrit à la main à la suite de la facture. En effet, il est certain qu'il ne serait d'aucune utilité pour le fournisseur de spécifier que la vente qu'il vient de faire a eu lieu au comptant si le prix ne lui était pas payé; car il n'y aurait plus, dans ce cas, vente au comptant, mais au contraire vente à terme, et la contradiction serait manifeste. On peut donc conclure que l'inscription de ce mot n'a pas de sens, ou qu'elle prouve que le débiteur, l'acheteur, a payé immédiatement le prix de la fourniture. On ne saurait admettre une interprétation différente, qui enlèverait tout sens à l'écrit. (C. Civ., art. 1157).

Mais on ne saurait attribuer la même valeur à l'inscription qui se rencontre fréquemment dans l'en-tête des factures, et qui indique « la vente a lieu au comptant sans escompte ». Ces mots, placés dans la formule imprimée, ne constituent qu'un simple avertissement au public sur les conditions dans lesquelles la vente doit être faite; mais rien ne prouve que les parties n'aient pas dérogé à cette règle et que l'acquéreur y ait souscrit; on ne saurait, en tous cas, affirmer que l'acheteur a exécuté l'obligation contractée. Une facture ainsi libellée ne serait admise par aucun tribunal comme prouvant la libération du client acquéreur. Le timbre n'est donc pas dû.

Quant au mot « payé », non suivi de la signature du fournisseur, il donne lieu à des distinctions et à des difficultés plus grandes. Il s'agit de savoir par qui ce mot a été apposé; par le créancier, il emporte naturellement quittance et libération; par le débiteur, il ne saurait faire titre. Or, beaucoup de maisons de commerce ont l'habitude d'apposer ce mot sur les factures qui leur sont remises avant de les classer dans leurs documents de comptabilité; il existe à cet effet des cachats spéciaux. La première obligation de l'Administration, avant de réclamer le droit de timbre sur une facture ainsi acquittée, est donc d'établir que le mot « payé » a été apposé par le cachet du créancier; elle ne peut faire cette preuve qu'en produisant de multiples factures trouvées chez des personnes différentes, et portant toutes ce mot imprimé avec le même cachet et la même encre : cette preuve, il lui est presque toujours impossible de la fournir, son droit de communication étant en définitive très restreint, comme nous le verrons. Nous pensons donc que, dans le plus grand nombre des cas, ce cachet n'a aucune force probante pour le débiteur, et qu'il n'en saurait avoir davantage pour l'Administration. Sauf un concours de circonstances exceptionnelles, le droit n'est donc pas exigible.

La même conclusion s'applique au mot « annulé » qui, aussi bien que le mot « payé », emporte libération lorsqu'il est apposé par le créancier. Annuler une facture, c'est en effet éteindre la dette; éteindre la dette, c'est, ou en faire la remise au débiteur, ou, ce qui est bien plus fréquent, en affirmer le règlement; dans tous les cas, c'est libérer le débiteur.

Au contraire, diverses autres mentions n'ont aucun caractère libératoire; il en est ainsi, par exemple, de l'estampille « vu et vérifié », ou « vu, bon à payer », émanant soit du créancier, soit du débiteur; ces inscriptions n'ont pour but et pour effet que d'établir l'exactitude de la facture, et nous sommes surpris que la question ait pu paraître douteuse et ait dû être examinée par l'Administration.

Enfin, le fait par le débiteur de joindre à une facture le talon d'un mandat postal prouve bien que le débiteur a payé, mais il n'y a pas de titre imposable, les deux pièces, facture et talon, n'émanant pas de la même personne, et ne constituant une preuve que par leur rapprochement.

Il est inutile d'ajouter que si, à la suite de la facture, le créancier ajoute qu'il a reçu pour règlement des effets de commerce, le droit de timbre devient immédiatement exigible; nous rentrons en effet dans le cas déjà étudié de l'accusé de réception de billets ou chèques en paiement ou pour solde d'une dette.

Les factures ont, d'autre part, une individualité propre. Si les fournitures faites sont multiples, et si le règlement est unique, le créancier a le droit d'acquitter séparément chacune de ces factures, et si chacune d'elles est inférieure à 10 francs, il évitera ainsi le paiement du droit de timbre.

Nous retrouverons les factures en parlant de la pluralité des droits et des paiements *pour acompte* ou *pour solde*.

## § 8. — *Registres et carnets.*

Puisqu'il est bien entendu que la forme de la quittance n'a aucune importance au point de vue de l'exigibilité du droit de 10 centimes, il est certain que la constatation du paiement tombe sous le coup de la loi, qu'elle soit faite sur un papier spécial, ou qu'elle résulte d'une inscription, d'une écriture, sur un carnet tenu à cet effet. Le titre existe dans un cas comme dans l'autre, et aucune distinction ne saurait être admise.

En matière de reçus de sommes, l'emploi des registres et carnets a lieu le plus souvent pour constater les paiements de soldes ou la paie des ouvriers.

Nombreux sont les industriels et commerçants qui négligent d'apposer des timbres sur les reçus qu'ils se font délivrer par leurs ouvriers à chaque paiement. Ces documents sont considérés par eux comme des pièces d'ordre intérieur. L'erreur est manifeste. L'état de solde, c'est-à-dire le relevé détaillé et justificatif des sommes dues n'est soumis ni au timbre de dimension, ni au timbre des quittances; il ne peut y avoir de doute à cet égard, puisque ces bordereaux ne forment titre d'aucune façon. Mais, il n'en est pas de même de l'état d'émargement ou du bon, remis au patron par l'ouvrier qui l'a signé. Cette signature constatant la libération rend le droit de 10 centimes exigible, qu'elle soit apposée sur une feuille spéciale, sur un carnet, sur un registre, ou sur une feuille d'émargement destinée à être enliassée dans la suite.

Le patron, débiteur du droit, n'en peut éviter le paiement qu'en n'exigeant pas la quittance. Un certain nombre de chefs d'entreprises se bornent à demander cette quittance lorsque l'ouvrier quitte leur service; un reçu pour solde les libère alors de toute réclamation ultérieure.

Ce principe d'exigibilité du droit sur les états d'émargement s'applique d'ailleurs tout aussi bien aux employés et fonctionnaires qu'aux ouvriers.

Antérieurement à la loi du 23 août 1871, les fonctionnaires de l'Etat étaient exonérés du droit de timbre sur les quittances par eux délivrées à la République; cette exemption s'expliquait puisque le droit payé par ces agents constitue, en définitive, une diminution du traitement que le débiteur leur alloue; l'Etat, en réalité, se paie l'impôt à lui-même, et la ressource inscrite au budget n'est qu'une question de forme. Mais, pour éviter toute complication ou discussion, la loi du 23 août 1871 a supprimé cette exception : en conséquence, les fonctionnaires de l'Etat, des Communes, Départements et Etablissements publics paient l'impôt du timbre sur leurs traitements, et ils le paient à chaque quittance qu'ils délivrent. Diverses décisions se sont prononcées pour des cas spéciaux, et ont fait l'application de la règle générale : — aux quittances de traitements délivrées par les agents-voyers, architectes, bibliothécaires, conservateurs des musées nationaux, départementaux ou communaux, les cantonniers et leurs auxiliaires, les ouvriers et agents employés aux travaux des chemins vicinaux, les agents forestiers, les agents et commissaires de police, les instituteurs et institutrices pour leurs traitements et suppléments de traitement, les gens de service et médecins des écoles normales, les messagers et commissionnaires payés par les communes et établissements publics, les percepteurs des contributions directes ; aux quittances du premier mois de traitement, aux quittances des percepteurs pour la rétribution qui leur est allouée par les communes à raison du recouvrement de la taxe sur les chiens, aux quittances de traitements des employés des Douanes, aux quittances de salaires, et notamment à celles qui sont délivrées par les conservateurs des hypothèques.

## § 9. — *Quittances à la suite.*

L'art. 23 de la loi du 13 Brumaire An VII dispose qu' « il pourra aussi être donné plusieurs quittances sur une même feuille de papier timbré, pour acompte d'une seule et même créance, ou d'un seul terme de fermage ou loyer ». Sous le régime de cette loi, la quittance d'un prix de vente ou d'une obligation pouvait être inscrite à la suite de l'acte rédigé nécessairement sur timbre — les acomptes successifs d'une même dette pouvaient être constatés sur la même feuille de papier timbré qui mentionnait l'acquit d'un premier acompte — sans rendre exigible un nouveau droit de timbre.

Cette faveur a disparu avec la réduction du prix du timbre, et l'exemption n'a pas été renouvelée dans la loi du 23 août 1871. La question n'a cependant pas échappé au législateur. « Le droit de quittance, a dit le rapporteur, et le droit de timbre sur les titres se confondent-ils ? Non, et la preuve c'est que les titres qui sont assujettis au droit de timbre n'en sont pas moins soumis au droit de quittance. » La raison est bien mauvaise, et en tout cas mal exprimée. La quittance d'une obligation, si elle est enregistrée, donnera ouverture au droit de libération, puisqu'elle constitue un acte distinct de l'obligation. Le même principe, appliqué au droit de timbre, aurait justifié de tout temps la perception d'un droit particulier sur la quittance, si l'art. 23 de la loi de Brumaire n'avait pas édicté une exception formelle à la règle générale tracée dans le même article 23, et en vertu duquel « il ne pourra être fait ni expédié deux actes à la suite l'un de l'autre sur la même feuille de papier timbré, nonobstant tout usage ou tout règlement contraire ». Mais cette exception existait, et elle était trop précise pour soulever la moindre difficulté dans l'application. Toutefois, la loi du 23 août 1871, modifiant en même temps la quotité de l'impôt et ses règles d'application, aurait dû rappeler cette exception pour lui conserver sa valeur. Elle ne l'a pas fait pour le motif que l'on vient de voir, et bien que ce motif n'ait aucune portée, la conclusion qui en découle n'en est pas moins certaine. L'Administration le rappelait dans son Instruction Générale n° 2413 § 7, en disant : « La nouvelle taxe sur les quittances, reçus et décharges constitue un droit spécial perçu sous forme de timbre sur chaque acte libératoire, quittance, reçu ou décharge, signé ou non signé. L'acquit donné au pied d'un mémoire ou de tout autre écrit dûment timbré au timbre de dimension, est même passible du droit spécial des écrits libératoires. » (1) (2)

La spécialité du timbre de 10 centimes en justifie donc l'exigibilité, sur tout écrit libératoire, quel que soit le timbre sur lequel l'acte qui précède est rédigé. Nous verrons les exceptions introduites à cette règle en matière de timbre proportionnel, exceptions limitatices dont l'existence seule confirme la règle de perception dans tous autres actes. On doit donc tenir pour certain qu'une quittance peut être apposée à la suite d'un acte obligatoire, mais à la condition qu'elle soit revêtue du timbre spécial de 0,10. Il va sans dire, d'ailleurs, que plusieurs quittances peuvent de même être écrites à la suite l'une de l'autre, sur la même feuille de papier, quittances d'acomptes, quittances finales d'une même dette, quittances de dettes différentes, mais intéressant la même personne : quittances d'une même dette, mais intéressant plusieurs débiteurs, — à la condition que chacun de ces titres libératoires soit revêtu du timbre de 10 centimes.

---

(1) V° aussi Cass. 29 avril 1884 : D. P. 84. 1. 466.

(2) Il est à noter que l'art. 23 d ela loi de Brumaire n'est abrogé qu'en ce qui concerne les quittances s. s. p. ordinaires; les quittances authentiques continuent à bénéficier de cette disposition, et il en est de même des quittances des comptables. (V° Cass. Req. 30 mars 1881. — Instr. 2656-8°; D. P. 81. 1. 369.)

Une seule difficulté, en fait, a été soulevée, en matière de mémoires assujettis au timbre de dimension et rédigés par le créancier qui donne quittance à la suite. C'est dans les règles de la comptabilité spéciale du débiteur que la solution doit être cherchée. Si le mémoire ne fait pas corps avec la quittance, on doit en principe supposer que chacun de ces documents a une utilité propre, et par suite, que le timbre de dimension et le timbre de quittance sont exigibles. Cependant, l'Administration a cru devoir édicter une distinction. Partant de ce principe qu'une quittance peut être aussi détaillée qu'il convient aux parties, à la condition de ne pas renfermer de stipulation qui lui enlève son caractère de quittance pure et simple, elle a décidé que si le mémoire et la quittance de la somme qui s'y trouve portée ont la même date, le mémoire peut n'être que le développement du titre libératoire et échapper à la perception du timbre de dimension; mais pour qu'il en soit ainsi, il faut que le mémoire n'ait pu avoir d'autre utilité que d'expliquer la quittance, circonstance qui ne se rencontre pas en matière de facture produite à l'Etat, aux Départements, Communes et Etablissements publics, les règles de la comptabilité publique exigeant un mémoire justificatif à l'appui de chaque paiement; l'Administration en conclut que, dans ce cas, le mémoire a une utilité caractérisée par ces règles et qui suffit pour le rendre passible du timbre de dimension.

D'autre part, une quittance détaillée peut avoir un objet autre que la constatation de la libération. C'est ce qui se produit lorsqu'elle est fournie à une administration antérieurement au paiement. Elle a alors pour but de remplacer le mémoire proprement dit; la forme adoptée pour sa rédaction n'en saurait modifier la nature; aussi est-ce avec raison que l'Administration décide qu'une quittance de cette nature est soumise au timbre de dimension, indépendamment du droit de timbre de 10 centimes, qui sera exigé sur l'acquit postérieur du mandat.

## CHAPITRE II

### Pluralité des droits

Le droit de timbre est dû sur l'écrit libératoire, mais par cela même qu'un droit de timbre particulier est exigible, aux termes de la loi « pour chaque reçu, quittance ou décharge », il apparaît que des créanciers distincts ne sauraient se réunir pour délivrer conjointement et dans le même texte une quittance unique de sommes à eux dues séparément; dans ce cas, en effet, malgré la forme de rédaction adoptée, il y a autant d'écrits libératoires qu'il y a de parties prenantes distinctes, et il en est ainsi alors même que les créanciers auraient donné un mandat conjoint à un tiers pour recevoir les sommes qui leur sont dues.

Cependant, cette pluralité des droits ne s'applique qu'à l'écrit et non à la créance ; la libération peut porter sur des dettes nombreuses, ayant des origines et des causes diverses et rester unique; un seul droit serait dû si un autre motif ne justifiait une perception multiple.

Mais si la pluralité est la règle quand les créanciers sont distincts, il n'en est plus de même lorsqu'il s'agit des débiteurs. L'Administration a expliqué cette distinction dans une solution du 24 juin 1898 (1), qui expose clairement les

(1) R. E. 1957.

motifs de sa doctrine. Ce qui est assujetti à l'impôt, dit-elle, c'est le titre libératoire; il en résulte que l'unité ou la pluralité des droits dépend uniquement de l'unité ou de la pluralité des titres. De même, en effet, que plusieurs droits sont exigibles pour une libération unique, dès l'instant qu'elle est constatée par plusieurs titres distincts (duplicata ou autres); de même, il n'est dû qu'un seul droit lorsque plusieurs libérations distinctes résultent d'un titre unique.

S'il est dû plusieurs droits de timbre dans le cas où plusieurs créanciers donnent, dans le même écrit, quittance à un seul débiteur, c'est que, en fait, il y a autant de titres distincts qu'il y a de signataires, puisque chaque signature libère le débiteur d'une somme déterminée. Au contraire, dans le cas inverse d'une quittance donnée à plusieurs débiteurs, il n'y a qu'un seul titre, résultant de la quittance unique et collective donnée par ce créancier.

En vain objecterait-on que plusieurs débiteurs peuvent se réunir et payer ensemble le créancier unique, en vue de frustrer le Trésor d'une partie des droits de timbre. En admettant, en effet, qu'une hpothèse aussi invraisemblable puisse se réaliser, il faudrait simplement reconnaître que ces différents débiteurs, qui ont ainsi manifesté l'intention de n'avoir pour eux tous qu'un seul titre, n'ont fait qu'user d'un droit qui leur appartient, à leurs risques et périls.

D'autre part, la pluralité de créanciers n'engendre pas toujours la pluralité des timbres : il faut de plus que chacune des parties prenantes ait un intérêt distinct. Si les créanciers sont solidaires ou que leur titre ait un objet indivisible, ou indivis, la quittance qu'ils délivrent conjointement ne fournit qu'un seul titre dont la validité était subordonnée à la présence de tous les créanciers. Il en est ainsi spécialement lorsqu'il s'agit de représentants d'un créancier décédé. Les héritiers, la veuve même, avant qu'ait été rédigé et clos le partage de la succession, sont tous créanciers du même débiteur. La quittance qu'ils remettent doit être signée par tous pour dégager la responsabilité du débiteur, et dispenser celui-ci de rechercher la qualité des parties prenantes. Toutes les signatures se réunissent donc pour ne former et compléter qu'un seul titre. Il en est ainsi d'ailleurs chaque fois qu'une créance est indivise au moment du paiement entre plusieurs créanciers. (1)

La jurisprudence et la doctrine ont fait de ces règles différentes applications qu'il est inutile de rappeler ici, puisqu'elles ne sont que la confirmation des principes qui viennent d'être exposés tant à l'égard des débiteurs qu'à l'égard des créanciers.

Une difficulté subsiste toutefois en matière d'acomptes successifs; nous l'étudierons bientôt en exposant les règles de perception applicables à ces paiements partiels.

Il est utile cependant de rappeler encore que l'Administration n'est pas juge de l'utilité que les parties entendent retirer des écrits qu'elles rédigent, ni de la forme qu'il leur a plu d'adopter. Aussi, dans le cas où il aurait été possible d'éviter une perception, le droit reste dû si elles n'ont pas adopté le système susceptible de leur procurer ce résultat. Cette règle, suivie en matière d'enregistrement, trouve une application d'autant plus certaine en matière de timbre que ce dernier impôt frappe l'écrit lui-même. Que les créanciers aient inutilement multiplié les titres libératoires, qu'ils aient réuni en un même contexte des quittances multiples, l'Administration n'a pour rôle que de déterminer le nombre de quittances effectivement délivrées et de réclamer l'impôt en conséquence.

---

(1) D. M. F. 9 novembre 1887 (J. E. 20.871). — Sol. des 21 octobre 1884 et 10 août 1886.

# CHAPITRE III

## EXCEPTIONS

### *SECTION I^re^*

### QUITTANCES N'EXCÉDANT PAS 10 FRANCS

#### § 1^er^. — *Application de l'exception.*

A la règle générale d'exigibilité du droit sur tout écrit emportant quittance, reçu ou décharge, l'article 20 de la loi du 23 août 1871 introduit une exception en faveur « des quittances de 10 francs et au-dessous quand il ne s'agit pas d'un acompte ou d'une quittance finale sur une plus forte somme. » C'est la reproduction de l'art. 16 de la loi du 13 Brumaire An VII, qui disait déjà : « Sont exceptés du droit et de la formalité du timbre, savoir..... Toutes autres quittances, même celles entre particuliers pour créances ou sommes non excédant 10 francs, quand il ne s'agit pas d'un acompte ou d'une quittance finale sur une plus forte somme. »

Le législateur a voulu ainsi favoriser la libération des petites dettes. Pour maintenir l'esprit de la loi de l'An VII, la loi du 23 août 1871 aurait dû élever le taux de la somme exempte, le pouvoir de l'argent ayant bien diminué depuis cent ans, et la somme de dix francs, qui autrefois était fort appréciable, étant aujourd'hui fort modique.

Quoi qu'il en soit, l'exception doit être strictement maintenue dans les limites que le législateur lui a tracées. Dès qu'il ne s'agit pas d'une somme de 10 francs ou au-dessous, le timbre est applicable; il l'est encore, bien que la somme soit inférieure à 10 francs, lorsqu'il s'agit d'un acompte ou d'un paiement pour solde à propos d'une créance supérieure à cette somme.

Si le titre libératoire se rapporte à tout autre objet qu'à une somme d'argent, la règle reprend son empire et l'exception ne s'applique pas : nous verrons la confirmation de ce principe en matière de décharges.

Pour déterminer l'importance de la somme quittancée, il faut considérer le total des sommes portées sur le titre et pour lesquelles la libération est constatée. Nous avons déjà dit qu'il peut être donné quittance de plusieurs dettes par un même écrit, à un même débiteur, sans que plusieurs droits de timbre soient exigibles. Par réciprocité, s'il est donné quittance par un même écrit de plusieurs dettes, toutes inférieures à 10 francs, mais dont le total excède cette somme, le droit de timbre est dû; il appartenait au créancier de diviser la quittance, ou au débiteur de diviser ses paiements, de manière à ce qu'il soit créé plusieurs titres: il aurait pu éviter un droit qui, par suite du système employé, est devenu exigible.

Des applications diverses ont été faites de cette règle pour des cas très fréquents. C'est ainsi que le droit est dû sur la quittance de primes d'assurances comprenant, outre la prime véritable, inférieure à 10 francs, certains autres frais, et notamment la taxe de 8 %, qui, réunis à la prime, dépassent 10 francs ; — sur la quittance à un notaire de ses frais et de ses débours, bien que chacune de ces deux dettes soit inférieure à 10 francs, si leur total dépasse ce chiffre (1); — sur le remboursement dans les mêmes conditions de sommes, à un entrepreneur de transports, de ses frais de transport et d'octroi (2); — à un imprimeur de ses frais d'impression et du droit de timbre d'affiches dont il a fait l'avance (3).

### § 2. — *Acomptes, Quittances finales.*

Les acomptes sur une somme totale inférieure ou égale à 10 francs échappent naturellement au droit; ce n'est pas en effet parce qu'il s'agit d'un acompte que le droit est dû, mais parce que le paiement vient en déduction d'une somme pour laquelle la quittance unique aurait été soumise à l'impôt. Le législateur de 1871, après celui de l'An VII, a voulu éviter que, par une combinaison frauduleuse, les contribuables échappent à l'impôt en divisant les paiements, ou même, tout en faisant un paiement unique, par la division du titre qui constate la libération. Il eût été très facile, en effet, de rédiger plusieurs écrits portant quittance à valoir de sommes supérieures à 10 francs, et dont la réunion aurait constitué un titre libératoire complet ; la mention « pour solde de tout compte », apposée sur l'une des factures, aurait suffi dans tous les cas pour enlever tout doute sur la libération complète du débiteur.

Il y a d'ailleurs une corrélation absolue entre les quit-

(1) Sol. 30 novembre 1871.
(2) Sol. 31 mai 1873.
(3) Sol. 3 octobre 1877.

tances pour acompte et la quittance finale, qui n'est en définitive que la constatation d'un dernier acompte. Les observations qui s'appliquent à l'une de ces catégories s'appliquent donc également à l'autre.

Il est parfois difficile de distinguer s'il s'agit d'un acompte ou d'une dette divisée. Il faut cependant remarquer qu'il n'y a paiement d'acompte que si la somme versée est inférieure à la dette existante. Ce n'est pas la personne du débiteur qui entre en considération, mais l'importance de la dette : une même personne peut devoir plusieurs sommes à un même créancier. Elle est débitrice de la somme totale, mais les dettes sont multiples; elles peuvent donc faire l'objet d'autant de quittances distinctes sans qu'il soit possible d'y voir des versements d'acomptes. Le cas se présente fréquemment pour les opérations commerciales où le fournisseur délivre à son client une facture à chaque livraison faite; chacune de ces factures constate une dette spéciale, et le paiement peut en être certifié distinctement sur chacun de ces écrits; si les sommes dues sont toutes supérieures à 10 francs, le droit de timbre sera dû sur chaque facture; s'il s'en trouve dont le chiffre ne dépasse pas 10 francs, elles restent exemptes.

Le principe qui sert de base à la distinction réside donc dans la détermination de la nature de la dette, de son unité, ou de la spécialité des dettes acquittées. Ce n'est plus dès lors qu'une question d'espèces que de savoir s'il s'agit d'acomptes ou de quittances pures et simples..

Nous citerons quelques exemples :

Le paiement des loyers est dû par terme, selon les conditions insérées dans le bail. Le paiement de chaque terme prévu est donc l'acquit d'une dette distincte et non un acompte sur le loyer ou fermage annuel (1); mais si le terme

---

(1) Instr. 1370. — Sol. 21 juin 1881. R. P. 5788.

est payé en plusieurs fois, la constatation de chaque paiement rendra ou non le droit de timbre exigible, selon que le terme total sera supérieur ou inférieur à 10 francs.

Les coupons d'intérêts ou de dividendes forment également des dettes distinctes, quel que soit le nombre des échéances périodiques. (1)

La question d'exigibilité du droit est délicate lorsqu'il s'agit d'un paiement complémentaire d'un paiement antérieur. La dette totale est-elle unique ? Le paiement a lieu pour solde et le droit de timbre est dû si la somme totale dépasse 10 francs. Au contraire, le paiement complémentaire a-t-il lieu en vertu d'un motif nouveau? A-t-il sa cause dans un fait postérieur au premier versement? Il y a deux dettes distinctes et si la seconde dépense est inférieure à 10 francs, aucun droit n'est exigible. Des décisions administratives ont été prises en ce sens en matière de suppléments de pension, de suppléments de traitement. Le droit a été au contraire reconnu exigible sur des paiements faits pour rectification d'erreurs, sur des paiements de suppléments d'indemnité par des compagnies d'assurances à la suite de sinistres.

Pour réclamer le droit de timbre sur une quittance inférieure à 10 francs, l'Administration est dans la nécessité de justifier qu'il s'agit d'un acompte sur une dette plus importante; si l'écrit ne relate pas cette dette, s'il ne contient aucun des mots « pour compte », « à valoir », « valeur en compte », ou tout autre, similaire, indiquant l'existence d'une dette supérieure à celle quittancée, elle ne peut formuler sa réclamation. La comptabilité du débiteur ou du créancier ne pourrait être interrogée dans ce but, puisque le versement effectué peut être relatif à une dette non portée dans la comptabilité.

---

(1) Sol. 11 avril 1883.

L'Administration ne peut, d'ailleurs, compléter les énonciations du titre qui lui est produit, et réclamer le droit de timbre sur des présomptions plus ou moins vagues.

Les acomptes sont surtout constatés sur des factures, et ici, certaines distinctions sont utiles à formuler.

Nous écartons tout d'abord l'exigibilité du droit sur les déductions opérées à titre d'escompte, de réduction, de remise, etc... Ces diminutions dans la facture ne correspondent en effet à aucun paiement en numéraire ou en nature; elles n'ont pour but que de modifier le prix inscrit et de faire connaître au débiteur pour quel motif cette modification a lieu; mais les faits qui justifient la réduction sont concomitants à la naissance de la dette même; le débiteur n'a jamais été redevable d'autre chose que de la somme définitive portée dans la facture; toute idée de libération faisant défaut, la perception d'un droit de timbre de 10 centimes ne saurait se justifier.

Mais il arrive plus souvent que le créancier ou fournisseur, ayant reçu antérieurement des acomptes sur sa créance, constate ces versements à la suite de la facture qu'il délivre et réduit d'autant le reliquat restant dû. Dans ce cas, l'exigibilité du droit de timbre ne saurait être sérieusement contestée. Le destinataire de la facture a été débiteur d'une somme totale qui est celle résultant du relevé des diverses fournitures qui lui ont été faites; s'il ne doit plus cette somme totale, c'est qu'il en a réglé une partie; la constatation de ce versement a donc un caractère libératoire bien net. Il y a le même motif de décider si, à la suite de ce relevé, le créancier déclare qu'il crée une traite pour le reliquat; le paiement à l'échéance libère bien le débiteur de la somme portée sur l'effet, et l'existence entre ses mains de la traite acquittée lui constitue un titre de libération suffisant. Mais, pour le surplus de la dette, il n'a d'autre titre que le relevé établissant les paiements qu'il a faits pour acomptes.

Il importerait peu d'ailleurs que, lors de ces paiements

partiels il ait été créé des quittances spéciales; le relevé joue alors le rôle de duplicata et nous savons que la loi n'a pas dispensé les duplicata du droit de timbre.

La Cour de Cassation a été appelée à se prononcer sur un cas d'acompte très fréquent, habituel, pourrions-nous dire, dans un grand nombre d'industries; des contraventions nombreuses sont d'ailleurs relevées par l'Administration en vertu de cette décision, contre des commerçants qui ne soupçonnent pas la fraude qu'ils commettent. Il s'agit de reprise ou de retour de fûts et emballages vides. Fréquemment, l'expéditeur de la marchandise facture au destinataire, non seulement la marchandise même, mais encore le contenant, de telle sorte que si ce contenant n'est pas restitué, l'expéditeur est désintéressé par le paiement intégral de sa facture. Mais, le plus souvent, la réexpédition de ces fûts et emballages a lieu ; à la réception, l'expéditeur primitif accuse réception de l'envoi, et dans la facture suivante, il déduit des sommes restant dues par le client, la valeur estimative convenue de l'emballage retourné, de telle sorte que l'acquéreur n'a payé en définitive que le prix des objets achetés, ce qui est très logique. L'arrêt de la Cour de Cassation du 23 avril 1901 (1), prononcé contre MM. A. Deutsch, se rapporte à une reprise de fûts vides constatée sur la facture. L'Administration a fait décider que le fait de porter à l'actif le prix d'un objet retourné et dont le coût se trouve imputé sur le total de la facture, constitue un paiement partiel, et, par conséquent, un acompte sur le montant de la facture, rendant exigible à ce titre le droit de timbre. M. l'avocat général Feuilloley expliquait ainsi les motifs qui le portaient à conclure à l'exigibilité du droit, après avoir rappelé le texte de la facture, constatant la livraison d'un fût

(1) Cass. Req. 23 avril 1901 ; S. 1902. I. 369; D. P. 1901. 1. 513.

du prix de.................................... 57 35
et portant ensuite : « Rendu fût vide »........... 6 »

Net.....Fr. 51 35

« Qu'est-ce que cela veut dire? Cela veut dire que les fils de Deutsch sont nantis d'un fût vide qui vaut 6 francs, et qu'ils donnent décharge de 6 francs, à valoir sur la facture de 57 fr. 35. C'est comme s'il y avait sur cette même facture : « Nous soussignés reconnaissons avoir reçu la « somme de six francs à valoir sur le montant de notre « facture. » Il y a donc quittance d'un acompte reçu sur une somme supérieure à 10 francs, ce qui est le cas expressément prévu par l'article 20 § 2 de la loi de 1871. Mais, dira-t-on, la quittance du 25 février n'est pas signée! Peu importe! L'article 18 assujettit à l'obligation du timbre... « tous « titres, de quelque nature qu'ils soient, signés ou non « signés, emportant libération, reçu ou décharge. » Or, il est incontestable que, par l'effet de l'apposition de cette mention « Rendu un fût vide », la Compagnie est libérée de pareille somme envers les Fils Deutsch, contre lesquels elle fait foi. »

Cette manière de voir nous paraît à l'abri de toute critique; elle répond bien d'ailleurs à l'intention et au but des parties qui, après avoir constaté une obligation totale d'une somme déterminée, ont également constaté la libération du débiteur jusqu'à concurrence de la valeur remise en paiement. L'application de cette jurisprudence a lieu dans nombre de cas et pour toutes sortes d'emballages, quelle que soit la valeur conventionnelle qu'il ait plu aux parties de leur donner; le prix stipulé, qui au surplus fait la loi des contractants, n'ayant aucune influence sur la décision.

Il est évident que la formule ci-dessus n'est pas la seule en usage dans le commerce; souvent le reçu est inscrit dans la forme d' « avoir ». L'expression employée n'est d'aucun effet à l'égard de l'exigibilité du timbre; il faut et il suffit que la libération partielle résulte du titre, pour que la perception d'un droit de timbre soit obligatoire.

L'arrêt du 23 avril 1901 a été confirmé par un jugement du Tribunal de la Seine du 22 avril 1904 et par un autre arrêt de la Cour de Cassation du 26 mars 1906 (1), portant que le droit de timbre est dû, lors même que la constatation du paiement résulterait déjà de documents antérieurs, la loi du 23 août 1871 étant générale et imposant tous les écrits, sans distinction entre les quittances et les duplicata. Nous rappellerons cependant qu'un récent jugement du Tribunal de Belley (2) a décidé le contraire pour le cas où l'acompte était relatif, non plus à un emballage retourné, mais à de la marchandise rendue par le client; il a motivé sa décision sur ce fait qu'il s'agissait non pas d'un avoir réel, mais d'une simple régularisation d'écritures, puisque la livraison ayant été constatée sur les registres du fournisseur, le refus de la marchandise devait être également constaté, et ne pouvait l'être qu'au moyen d'un article d'actif ou *contrepassement*. Cette décision, exacte pour l'espèce où elle a été rendue, puisque la marchandise n'était pas entrée dans le magasin de l'acheteur, ne saurait être étendue aux cas les plus ordinaires, où cette marchandise, après avoir été acceptée tacitement et inscrite sur les livres de l'acheteur, a été ensuite retournée au fournisseur; on prétendrait vainement qu'il s'agit, même dans ce cas, de l'annulation d'un marché, car le motif qui constate l'extinction partielle d'une dette ayant effectivement existé, ne modifie en rien la nature du titre et ses effets juridiques; or, il est bien évident que, soit qu'il s'agisse d'emballages rendus, soit qu'il s'agisse de marchandise retournée, l'inscription aboutit à une libéra-

(1) D.P. 1906. 1. 441.
(2) 14 décembre 1906 : R. E. 4256.

tion, la dette totale ayant été réelle dès l'acceptation du destinataire.

La même solution s'imposerait au cas où il s'agirait, dans l'avoir, du redressement d'une écriture antérieure, toujours pour ce motif que l'explication de la quittance laisse à cette quittance toute sa portée.

La pluralité des droits de timbre sur des acomptes multiples portés dans une même facture, ou même sur un seul acompte inscrit dans une facture acquittée, est soumise à une distinction. Ce qui est imposé, nous le répétons, ce n'est pas la libération même, c'est la constatation de cette libération. Par suite, si des paiements multiples font l'objet d'une seule quittance, un seul titre a été créé, un seul droit est exigible. En conséquence, si une facture relatant divers acomptes est acquittée à la date même de sa rédaction, pour toutes les sommes qui s'y trouvent portées, le débiteur n'a jamais possédé que ce titre, ainsi complet, et un seul droit est exigible. On présume, d'ailleurs, en l'absence de toute indication contraire, que la date de l'acquit pour solde coïncide avec celle de la rédaction de la facture. (1)

Mais si l'acquit du reliquat porté sur la facture est délivré à une date postérieure à celle de cette facture, il apparaît que le débiteur a eu entre les mains un titre faisant preuve du paiement des acomptes. Il a, d'autre part, un nouveau titre dans l'acquit de la facture, et ces deux titres, il les a possédés à des époques différentes ; l'exigibilité rétroactive du droit sur l'acompte n'est donc pas contestable, indépendamment du droit dû sur la quittance finale.

Le droit est dû sur la constatation des « avoir » ou « acomptes », quelle que soit la forme qui leur est donnée; on chercherait vainement à échapper au droit en portant

(1) Sol. 7 octobre 1874, 24 juin 1885, 8 août 1887. V° aussi Lille, 16 décembre 1875; D. P. 78. 5. 449.

les divers articles d'actif et de passif sous la forme d'un relevé de compte, avec doit et avoir. Le compte ouvert à un client par un fournisseur, n'est pas en effet un compte courant supposant des remises réciproques, des alternatives de reliquat actif et passif pour chacune des parties, des versements de sommes ou d'effets de commerce lorsqu'aucune dette n'existe, opérations qui sont de l'essence du compte courant ou compte de banque. L'Administration, qui exempte du timbre les relevés de ces comptes délivrés par les banques et les établissements de crédit, en considérant ces documents comme des copies de livres de commerce (1), n'étend pas la même faveur aux relevés ordinaires de comptes emportant libération évidente de dettes pour fournitures. Son interprétation rigoureuse de la loi ne saurait être blâmée, et l'on ne saurait admettre que la constatation du versement d'un acompte sur une dette échappe au droit par cela seul qu'au lieu d'inscrire les sommes dues et les sommes payées à la suite les unes des autres, le créancier les aurait placées les unes à côté des autres, dans deux cadres spéciaux, sauf à les balancer ensuite.

Il va de soi que les versements ou remboursements en compte, qu'ils soient faits entre les mains d'un particulier, à une banque, ou à un établissement de crédit, donnent lieu à l'application du timbre, s'ils sont constatés par un écrit, ou même par une mention inscrite par l'établissement ou la partie prenante sur un registre ou carnet restant en la possession de l'autre partie.

Nous avons vu que les billets de chemins de fer sont passibles du timbre lorsque leur prix dépasse 10 francs. Mais que décider lorsque, en cours de route, il est délivré un billet supplémentaire? Les principes que nous venons d'exposer nous permettent de donner une solution à cette ques-

---

(1) Sol. 14 août 1874 et 5 décembre 1877.

tion, la matière ne faisant l'objet d'aucune loi ou règlement particulier. S'il s'agit d'un supplément pour changement de classe, le nouveau versement est complémentaire du premier, qui doit être considéré comme un acompte; c'est en effet un transport unique, pour un prix fixé par les tarifs et sur lequel le voyageur n'a payé qu'un acompte, au moment de son départ; peu importe que le changement de classe n'ait lieu qu'en cours de route; le transport et le contrat qui le constate n'en sont pas moins uniques, et, au plus, pourrait-on dire que le transport d'un lieu à un autre a été effectué dans des conditions différentes pour diverses sections du parcours; mais cette observation ne modifierait pas la solution, puisque ces conditions, aussi variées soient-elles, doivent être censées insérées dans la convention de transport primitive.

Cette unité de contrat a motivé la même solution pour le paiement supplémentaire, en cours de route, au cas de prolongation du trajet; mais ici, la doctrine administrative nous semble inexacte. Elle a été sans doute inspirée par la crainte d'une fraude facile, qui consisterait à fractionner les trajets en distances correspondant à des prix inférieurs à 10 francs, et éviter ainsi le paiement du droit de timbre. A cet argument, nous répondrions que la crainte de la fraude ne doit pas avoir pour conséquence la modification de la loi, et que, d'ailleurs, il est bien peu vraisemblable que les voyageurs se livrent aux ennuis de paiements successifs, de dérangements nombreux, pour éviter un droit de 10 centimes. L'impôt ne nous paraît pas dû, parce que la prolongation de route constitue une convention nouvelle additionnelle, indépendante de la première; le fait est si vrai que, le plus souvent, le voyageur qui demande au contrôleur du train un billet supplémentaire pour une destination plus lointaine que celle indiquée au départ, a modifié sa destination par suite d'une résolution que les circonstances du voyage lui ont suggérées; il a souscrit, en réalité, deux contrats de transport, et il n'y a, dans l'espèce, ni acompte ni solde. Ce qui achève de le prouver, c'est que le voyageur, si le temps ne lui fait pas défaut, peut descendre du train, remettre son billet à la gare terminus, demander un nouveau billet au guichet de cette gare, et ne payer ainsi aucun droit de timbre à titre d'acompte ou de solde : on peut en conclure que le billet qui lui est remis par le contrôleur, lorsqu'il ne descend pas du train, remplace purement et simplement le ticket délivré par le guichet, et produit les mêmes effets; lui aussi doit donc être exempt du timbre.

Lorsque le droit de timbre est dû pour changement de classe ou modification dans les conditions de transport, sans prolongation de distance, et lorsque, en même temps, le prix du billet primitif n'a pas dépassé 10 francs, mais devient supérieur à cette somme par le paiement supplémentaire, est-il dû un droit ou deux droits de timbre? Nous pensons que la pluralité est applicable. Puisqu'il s'agit d'un transport unique pour un prix payé en deux fois, le premier versement fait au départ, a été un acompte sur une dette supérieure à 10 francs, et le paiement supplémentaire un solde sur cette même dette : dans les deux cas la quittance est soumise au droit. On prétendrait vainement que le premier reçu ayant été délivré ne peut plus être modifié; ce reçu en effet a cessé d'être régulier par le changement demandé et accepté dans les conditions de transport; le droit de timbre est rétroactivement exigible. Peut-être la perception offre-t-elle quelques difficultés pratiques, pour l'inscription dans la comptabilité des compagnies; mais ces difficultés n'altèrent pas le principe, et nous ne comprenons pas les solutions qui essaient de faire concorder la facilité du recouvrement ou de la recette avec le droit, qui doit rester indépendant de ces questions de fait.

## SECTION II

### Effets de Commerce et Chèques

#### § 1. — Chèques

L'article 7 de la loi du 14 juin 1865 disposait que les « chèques sont exempts de tout droit de timbre pendant 10 ans, à compter de la promulgation de la présente loi ». Le rapporteur de la loi du 23 août 1871 n'avait pas tenu compte de cette exonération, et s'était borné à dire : « La Commission soumet également au droit de 10 centimes les chèques créés par la loi du 14 juin 1865. Ces titres peuvent, sans inconvénient, être assujettis à un droit aussi minime. » Mais, lors de la discussion de la loi du 23 août 1871, des protestations s'élevèrent et le rapporteur fut amené à faire la déclaration suivante : « Je dois dire que nous n'avons point entendu porter atteinte à cet engagement ; car les engagements qui sont pris par le législateur d'une époque antérieure lient le législateur de l'époque subséquente..... Voici comment nous avons raisonné : Nous avons dit et nous reconnaissons que les titres qui se présentent sous la forme d'un chèque ne doivent être frappés d'aucun droit de timbre, pas plus d'un droit proportionnel que d'un droit fixe. Mais quel est le droit que nous établissons maintenant?..... Le droit de quittance et le droit de timbre sur les titres se confondent-ils? Non, Messieurs, et la preuve, c'est que les titres qui sont assujettis au droit de timbre n'en sont pas moins soumis au droit de quittance, s'ils n'en ont pas été expressément exemptés : par conséquent, le chèque, qui a été affranchi du droit de timbre par la loi de 1865, doit rester dans les conditions d'un titre qui aurait donné lieu à la perception du droit, et, comme les autres titres timbrés, il doit être assujetti au droit particulier de 10 centimes, qui est un droit de quittance. Voilà ce que nous avons entendu faire; par conséquent, nous n'avons point eu l'intention de violer l'article 7 de la loi de 1865.

« Pourquoi avons-nous assujetti les chèques au droit fixe de quittance de 10 centimes? Parce que nous avons voulu atteindre tous les reçus, sans autres exceptions que celles qui sont contenues dans la loi. Cet impôt ne sera productif qu'à la condition qu'il sera général. »

Ce qu'il faut retenir de ces déclarations, c'est que le timbre de 10 centimes apposé sur un chèque est le droit de quittance de ce chèque; c'est un impôt payé par anticipation sur l'acquit du titre; cet acquit reste donc exempt de tout autre droit de timbre. Telle a été, du moins d'après le rapporteur, la volonté du législateur de 1871.

Depuis, ce principe a reçu une atteinte de l'article 8 de la loi du 19 février 1874, portant : « Les chèques de place à place sont assujettis à un droit de timbre fixe de 20 centimes; les chèques sur place continueront à être timbrés à 10 centimes. »

Le fait seul qu'un droit de 20 centimes, qui ne peut plus être un droit de quittance, est imposé sur une catégorie de chèques, détruit toute l'argumentation du législateur de 1871; qu'il s'agisse du droit de 20 centimes ou du droit de 10 centimes, c'est bien un droit de timbre qui frappe ces écrits, droit de faveur, d'ailleurs, que le gouvernement proposait tout récemment de remplacer purement et simplement par le droit ordinaire des effets de commerce. Mais la loi du 23 août 1871, en contradiction formelle avec les paroles de son rapporteur, avait exprimé d'une manière toute autre ce qu'elle entendait faire. Après avoir dit, dans l'article 18 : « Sont soumis à un droit de timbre de 10 centimes : ..... 2° les chèques, tels qu'ils sont définis par la loi du 14 juin 1865, dont l'article 7 est et demeure abrogé », elle ajoute, dans l'article 20 : « sont seuls exemptés du droit de timbre de 10 centimes : 1° les acquits inscrits sur les chèques... »

Cette exemption, qui se justifiait par la nature du timbre apposé lorsque le droit était seulement de 10 centimes, subsiste avec le caractère de disposition exceptionnelle, depuis que le droit sur les chèques est un droit de timbre et non plus un droit de quittance.

Aussi peut-on décider que l'exemption est applicable, alors même que le chèque n'aurait pas été timbré. Les contraventions commises par le tireur, ou par le premier endosseur français si le chèque a été tiré à l'étranger, ne modifient pas l'application d'une exemption qui se rapporte à une opération postérieure.

## § 2. — *Effets de commerce.*

Le texte complet du premier paragraphe de l'article 20 est le suivant : « Sont seuls exemptés du droit de timbre de 10 centimes : 1° les acquits inscrits sur les chèques, ainsi que sur les lettres de change, billets à ordre, et autres effets de commerce assujettis au droit proportionnel. »

Cette disposition donne lieu à plusieurs observations.

On remarque tout d'abord qu'elle ne vise que les effets de commerce, et l'on pourrait, jusqu'à un certain point, soutenir qu'elle ne s'applique pas aux effets non négociables ou billets simples. Mais il n'en saurait être ainsi. L'exemption a pour cause l'existence d'un droit proportionnel sur les effets, droit que l'article 2 de la loi du 23 août 1871 portait au double; comme ce tarif et l'augmentation qu'il subissait, atteint les billets simples, reconnaissances unilatérales de dettes, etc..., malgré leur non négociabilité, il est certain que le législateur a visé les mêmes titres dans l'exemption du timbre des quittances. L'Administration ne fait pas, d'ailleurs, de difficulté pour le reconnaître. (1)

Sont également dispensées du timbre de 10 centimes, les quittances d'intérêts apposés sur ces effets; le principal et les intérêts d'une somme due composent, dit l'Administration, les deux éléments d'une dette unique; il est donc simplement logique d'appliquer le même régime à ces deux éléments. (2) Qu'il s'agisse d'un effet négociable ou d'un effet non négociable, dès lors que le droit proportionnel est exigible, la quittance ou les quittances successives du principal et des intérêts peuvent être délivrées sans apposition du timbre à 10 centimes.

Nous disons : dès lors que le droit proportionnel est exigible; nous entendons par là que la dispense du droit de quittance subsisterait alors même que l'écrit aurait été souscrit, en contravention avec la loi, sur papier non timbré, ou sur papier timbré à un taux insuffisant. La loi du 23 août 1871 ne fait pas dépendre en effet l'exemption qu'elle édicte de l'emploi du timbre prescrit; elle ne parle que des effets « assujettis au droit proportionnel »; or le billet ou effet rédigé sur papier non timbré n'en reste pas moins assujetti à ce droit; l'Administration a le devoir de constater la contravention commise au moment de la rédaction de l'écrit; par une juste conséquence, elle ne peut éviter l'application de l'article 20 de la loi. Cet article, d'autre part, ne spécifie pas que l'exonération sera limitée aux effets timbrés au nouveau tarif édicté par l'article 2. Elle s'étend donc à tous titres de cette nature, timbrés ou non, soumis au droit proportionnel, quelle que soit l'époque de leur création; c'est

(1) Sol. 23 février 1874 et 18 septembre 1878.
(2) D. P. 82. 3. 8. (Sol. du 11 mars 1881)

ainsi que la disposition dont il s'agit reste applicable aux effets créés antérieurement à la surélévation de tarif de la loi du 23 août 1871, ou créés postérieurement, sous le régime, par exemple, du tarif actuel, qui a été ramené au taux antérieur à 1871 par l'article 1er de la loi du 22 décembre 1878.

Le bénéfice de l'exemption s'étend également aux quittances des obligations négociables créées par les Sociétés, Communes et Départements (1), que la loi du 5 juin 1850 a assujetties au droit de timbre proportionnel. Ces titres négociables rentrent en effet dans la catégorie des effets de commerce; le droit qui les frappe est soumis à des règles spéciales de quotité et de paiement, mais il n'en constitue pas moins un impôt équivalent au timbre proportionnel ordinaire : la discussion et les motifs de la loi du 5 juin 1850 ne laissent aucun doute à cet égard. Le remboursement du capital, et le paiement des intérêts de ces titres restent donc exempts du timbre de 10 centimes. L'Administration accepte que la remise manuelle des coupons n'entraîne pas l'exigibilité du droit (2); nous avons vu qu'elle prétend le réclamer sur le bordereau qui accompagne cette remise.

La règle générale ne présente donc en réalité aucune difficulté d'application. Le timbre de 10 centimes n'est pas dû sur le remboursement du principal ni sur le paiement d'intérêts lorsque la dette est constatée par un titre timbré ou assujetti, d'après les lois, au droit de timbre proportionnel.

(1) Sol. 4 décembre 1876. J. E. 20324.
(2) Sol. 9 avril 1887, 25 juillet 1888 et 22 avril 1890.

## § 3. — *Effets à négocier, accepter, encaisser.*

Les opérations de banque nécessitent diverses opérations, diverses transmissions des effets de commerce que le législateur a voulu exonérer du droit de timbre de 10 centimes. « La Commission, a dit le rapporteur de la loi du 30 mars 1872, a pensé qu'il convenait d'excepter de la règle les accusés de réception donnés par les banquiers d'effets ou billets qui doivent être présentés à l'escompte ou à l'encaissement. Cette exception est admise à peu près dans les mêmes termes par la loi anglaise. Elle est d'abord justifiée par la nature même des effets de commerce. Créés pour remplir l'office de la monnaie, ils doivent passer de main en main; l'acte qui constate cette circulation nécessaire doit donc être exempt du timbre. » (1)

La loi votée s'exprime ainsi : « Sont exempts du droit de timbre des quittances, reçus ou décharges de toute nature, les reconnaissances et reçus donnés, soit par lettre, soit autrement, pour constater la remise d'effets de commerce à négocier, à accepter ou à encaisser. »

Cet article suggère une première observation. Etait-il bien nécessaire d'édicter cette exception? D'après l'interprétation qui a été donnée à la loi du 23 août 1871 par la doctrine et la jurisprudence, le droit de timbre de 10 centimes ne frappe que les écrits libératoires. Or, les accusés de réception d'effets à négocier, accepter ou encaisser ne sont rien moins que des reçus libératoires, le banquier et le commerçant qui échangent cette correspondance ou délivrent ces pièces n'étant pas débiteurs l'un de l'autre. On pourrait être tenté de tirer du vote de la loi de 1872 cette

(1) Rapport au nom de la Commission du budget par M. Mathieu-Bodet, le 27 mars 1872 (*Journal officiel* du 22 avril 1872, p. 1050).

conclusion que le législateur de 1871 avait réellement visé tous les reçus, libératoires ou non. Nous ne pensons pas que cette déduction soit exacte: L'Administration, appliquant la loi de 1871, avait prétendu, dès l'origine, assujettir à l'impôt tout écrit constatant une quittance, un reçu, une décharge, sans s'inquiéter du caractère, libératoire ou non, de ce titre. Aussi prétendait-elle réclamer le droit sur les accusés de réception d'effets de commerce. Les banquiers, objet de ces réclamations, auraient pu peut-être opposer à cette demande l'absence de libération, puisqu'il y a absence de dette : ils ont mieux aimé obtenir un texte de loi, bien préférable aux décisions judiciaires, longues à intervenir, incertaines dans leur application, et modifiables par la volonté seule des tribunaux. Les occasions ne manquant pas à cette époque, pour saisir l'Assemblée Nationale de projets de lois d'impôts, ils sont parvenus à leur but plus rapidement et plus complètement par le texte de la loi de 1872; aucune déduction juridique ne peut donc être tirée de ce fait.

Nous avons parlé déjà de cette disposition à propos des accusés de réception, et nous avons dit qu'elle ne s'applique pas aux reçus indiquant que les effets sont envoyés en paiement.

L'exception de la loi de 1871 a été déclarée applicable aux chèques comme aux effets de commerce; ce n'est plus ici la quotité du droit exigible sur le titre qui justifie l'exonération d'impôt; il importe donc peu que le chèque ne soit assujetti qu'à un droit de 10 centimes ou de 20 centimes; mais, qu'il s'agisse d'effets de commerce ou de chèques, il est indispensable que l'une des causes énoncées par la loi en motive l'expédition ou la réception; l'Administration a cependant étendu l'application de la loi aux retours d'effets impayés; il s'agit en effet, dans ce cas, d'une opération assimilable en tous points à celles nommément détaillées par le Rapporteur et par le texte de la loi.

Il va de soi que le reçu de titres achetés, que l'acquéreur

délivre à l'intermédiaire ne saurait profiter de la dispense du timbre. Ainsi que le déclarait le rapporteur, « l'exception devra être restreinte dans les limites expressément déterminées par la loi; elle ne pourra même pas être étendue aux lettres qui constateraient des réceptions d'espèces, de billets de banque, ou de titres autres que ceux nommément exceptés. »

Mais, dans ces limites, l'exception s'applique à toute l'opération. Lorsqu'il est fait une expédition de titres, un bordereau détaillé constate l'agio des effets prélevé sur leur montant. Par ce fait, le droit de timbre devient-il exigible? L'Administration l'avait d'abord pensé, mais sa prétention ayant été repoussée par le Tribunal de la Seine (1), elle a fait l'abandon du droit. On ne saurait méconnaître en effet que le prélèvement de l'agio, et la remise des effets à escompter sont deux faits concomitants et inséparables. La thèse de l'Administration reposait toute entière sur la divisibilité de l'opération; cette divisibilité n'a pas été admise par le Tribunal, qui a considéré au contraire que l'agio est la conséquence nécessaire, inéluctable, de la présentation des effets à l'escompte, et l'Administration a décidé, par une solution du 3 janvier 1899, que l'on « se trouve en présence d'une situation qui a été appréciée d'après les usages établis dans les relations commerciales, et il y a lieu de penser que les motifs développés devant les premiers juges détermineraient la Cour Suprême à adopter la même appréciation. »

---

(1) Jugement du 9 décembre 1[illegible] : R. E. 1938.

## *SECTION III*

### Secours. — Indemnités. — Indigents

L'article 20 de la loi du 23 août 1871 contient une autre exception, par référence à l'article 16 de la loi du 13 Brumaire An VII. Le § 3 de cet article 20 porte en effet, comme dispensées du timbre, « les quittances énumérées en l'article 16 de la loi du 13 Brumaire An VII, à l'exception de celles relatives aux « traitements et émoluments des fonctionnaires, officiers des armées de terre et de mer, et employés salariés par l'Etat, les Départements, les Communes et tous Etablissements publics ».

Le § 7 de l'article 16 de la loi du 13 Brumaire An VII désigne comme exemptes de l'impôt du timbre « les quittances des secours payés aux indigents et des indemnités pour incendies, inondations, épizooties, et autres cas fortuits ».

Deux catégories de quittances se trouvent donc exemptées de l'impôt par l'effet de cette disposition : les secours délivrés aux indigents, et les indemnités pour cas fortuits. La justification que l'exemption est applicable doit nécessairement être faite sur chaque pièce; c'est à ceux qui veulent profiter de la loi qu'il appartient, en effet, de prouver qu'ils se trouvent dans les conditions requises pour en bénéficier. En ce qui concerne les indemnités, il n'y a aucune difficulté; il suffit que le mandat délivré, ou que la quittance donnée par la partie prenante constate la nature du paiement, puisque c'est à raison de cette nature même que la dispense est accordée.

En ce qui concerne les secours, il faut établir que la

partie prenante est indigente. Cette justification serait sans doute difficile, compliquée, si la démonstration en devait être faite par des particuliers. Mais comme il ne s'agit en fait que de secours distribués par différents ministères, ou par des administrations publiques, telles que la Grande Chancellerie de la Légion d'Honneur, l'Etablissement des Invalides de la Marine, etc... l'affirmation par ces services de l'indigence du bénéficiaire du secours, suffit; les circulaires de la comptabilité publique prescrivent aux comptables d'inscrire sur les pièces créées la lettre I, et la mention : *Exemption de timbre. Loi du 13 Brumaire An VII, art. 16.* La loi s'applique d'ailleurs aux quittances données par des tiers chargés de distribuer les secours, comme à celles émanant des indigents eux-mêmes.

Des solutions diverses ont prononcé l'exemption pour la quittance de journées payées à des gardes malades, les quittances de prix de visites délivrées par des médecins, de prix de médicaments par des pharmaciens, de secours divers : loyers, route, etc... frais de nourrice payés directement ou par intermédiaire, secours à des veuves d'employés dont l'indigence est constatée.

## *SECTION IV*

### Dette publique. — Remboursements par les Comptables.

### Vindicte publique. — Gens de guerre

L'article 16 de la loi de Brumaire prescrit la dispense de timbre pour ces différents cas. C'est toujours par l'effet de la même référence à cette disposition (art. 20 § 3) que la loi du 23 août 1871 n'est pas applicable, et que les quittances délivrées sont exemptes du timbre à 0 fr. 10.

#### § 1. — *Dette publique.*

Les inscriptions sur le Grand Livre de la Dette Nationale sont exemptes du timbre (art. 16 § 1 n° 3). Cette disposition s'applique à toutes les opérations relatives à l'émission, à la conversion, au remboursement des rentes sur l'Etat : récépissés de souscriptions, versements postérieurs pour libération, remboursements d'excédents aux souscripteurs; reconnaissances de dépôts de titres à convertir, à renouveler, à échanger, à régulariser, aux paiements d'arrérages. On a aussi fait l'application de cette règle aux récépissés de sommes remis par le Trésor aux Communes qui font des versements en compte courant, ces versements étant considérés comme des prêts.

On voit par ces divers cas que l'exception profite aux opérations sur la rente, non seulement au moment de l'émission, mais encore dans les transactions ultérieures; il n'y a d'ailleurs aucune distinction à faire entre les diverses natures de ces rentes, qu'elles se présentent sous ce titre, ou sous la dénomination d'obligations temporaires.

§ 2. — *Remboursements par les comptables du Trésor.*

Nous verrons que les quittances d'impôts délivrées par les comptables sont exemptes du droit de timbre. Le § 6 de l'article 16 dispense également de timbre « les quittances ou récépissés délivrés aux collecteurs et receveurs de deniers publics »; cette disposition reçoit son application en cas de remboursements effectués par les comptables du Trésor, en vertu d'ordonnances de décharges, de réduction, remise ou modération de contributions, de taxes assimilées, d'avances sur les prestations, de centimes communaux, que ces derniers remboursements soient le résultat d'une erreur dans l'imposition ou d'un dégrèvement.

Il en est de même de la restitution des droits d'enregistrement lorsqu'il s'agit de droits indûment perçus par le Receveur; mais quand la restitution est ordonnée par suite d'un événement postérieur à la perception, et constitue ainsi un acte discrétionnaire de la part de l'Administration, l'exemption n'est plus applicable ; le droit est encore dû quand la restitution résulte d'une décision de la juridiction gracieuse faisant remise d'une partie des amendes ou autres pénalités qui ont été perçues.

On ne doit pas oublier que l'exemption ne se rapporte qu'aux contributions encaissées par le Trésor; elle ne saurait donc être étendue aux taxes locales remboursées par les agents des Départements, Communes et Etablissements publics, ni aux sommes qui n'ont pas été encaissées à titre d'imposition.

## § 3. — *Vindicte publique.*

L'article 16—1° § 11 exempte du timbre « les actes de police générale et de vindicte publique ». Le timbre des quittances n'est donc pas exigible sur les actes de cette nature emportant libération ou décharge. Les cas d'application de cette règle sont très rares, la disposition de la loi de Brumaire exerçant surtout son influence en matière de timbre de dimension.

## § 4. — *Gens de guerre.*

L'article 20 de la loi du 23 août 1871 a maintenu la dispense prononcée par l'art. 16 de la loi du 13 Brumaire pour « les pièces ou écritures concernant les gens de guerre, tant pour le service de terre que pour le service de mer » (art. 16 1° § 9), à l'exception toutefois des quittances « relatives aux émoluments des... officiers des armées de terre et de mer ».

Cette exception n'est applicable qu'autant que les parties prenantes figurent réellement parmi ceux à qui peut être attribuée la qualification de *gens de guerre*; les héritiers ou représentants de ces bénéficiaires ne jouissent plus de la même faveur.

Par contre, on doit englober sous cette dénomination tous ceux qui font partie des effectifs, quelle que soit leur mission spéciale, par exemple les caserniers, musiciens, ouvriers et maîtres selliers; — les soldats et sous-officiers de l'armée active, de la réserve de l'armée active, de l'armée territoriale en cas de mobilisation, de manœuvre ou de revue, les armuriers militaires, les infirmiers mariniers, les surveillants des établissements militaires dans les colonies.

Les quittances émanant de ces diverses personnes sont exemptes de timbre; il en est ainsi des gratifications ou indemnités, notamment pour frais de route ou de surveillance, des parts de prises, des secours distribués aux militaires ou marins sous les drapeaux, à des militaires ou marins indigents ou à leur famille, aux réservistes, à leurs femmes indigentes, aux orphelins de la Guerre; l'exemption s'applique également aux quittances de traitements de la Légion d'Honneur, et de la Médaille militaire, mais à la condition voulue par la loi que le titulaire ne soit pas un officier, et qu'il soit en activité de service.

Les gendarmes sont considérés comme gens de guerre. Aussi sont dispensées du timbre les quittances d'attributions d'amendes fiscales, les quittances de prix d'effets quand ils sont payés par la masse individuelle, les quittances de primes de capture, de prix de médicaments, de solde, d'indemnités, et, en général, les quittances de sommes payées à raison de leur qualité et de leur service.

Sont aussi considérés comme gens de guerre : — les sous-officiers et préposés des Douanes; — les sous-officiers et simples gardes des Eaux et Forêts; — les sous-officiers et soldats des corps de pompiers; — et par suite les quittances délivrées par eux sont également affranchies du timbre.

## *SECTION V*

### QUITTANCES ENTRE ADMINISTRATIONS

Sont exemptes du timbre les pièces délivrées « par une administration ou un fonctionnaire public à une autre administration ou à un autre fonctionnaire public ». (Art. 16 de la loi de Brumaire.) La dispense du timbre de 10 centimes a été maintenue pour ce cas par la loi du 23 août 1871. Les quittances de cette nature sont considérées comme des pièces d'ordre intérieur; elles libèrent *administrativement*, si l'on peut ainsi dire, les agents ou administrations.

Nous n'oublions pas toutefois que les traitements des fonctionnaires et officiers exemptés du timbre par la loi du 13 Brumaire y sont actuellement assujettis en vertu de la disposition formelle de l'article 20, qui a retranché cette catégorie de quittances du nombre des exceptions énumérées par l'article 16.

On a étendu aux Sociétés et aux entreprises privées l'exonération dont il s'agit lorsque les quittances, bons ou autres pièces sont échangées entre employés de la même maison; là aussi, ces documents ne constituent en fait que des pièces d'ordre intérieur. Mais il va de soi que les quittances des traitements ou salaires des employés et ouvriers restent assujettis au droit et qu'il en est de même chaque fois qu'un tiers étranger à la Société, fournisseur ou autre, est en jeu; la quittance perdant par ce fait seul tout caractère de document intérieur, et pouvant faire titre.

## SECTION VI

### Caisses spéciales

### § 1. — *Caisses d'Epargne.*

Les articles 20 et 21 de la loi du 9 avril 1881 disposent que « les imprimés, écrits et actes de toute espèce, nécessaires pour le service de la Caisse d'Epargne postale, seront exempts de la formalité du timbre et de l'enregistrement » (art. 20). L'art. 21 déclare que cette disposition est « applicable aux Caisses d'Epargne ordinaires. (1)

Cette exception, par son texte même, ne s'applique qu'aux quittances nécessaires au service de la Caisse d'Epargne, c'est-à-dire à celles qui se rapportent directement aux opérations dont elle est chargée, notamment aux versements et retraits de fonds, aux récépissés délivrés lors du dépôt des livrets; aux reçus délivrés par la Caisse des Dépôts et Consignations lors du versement des fonds, aux reçus donnés à cette Caisse lors du retrait; aux versements de fonds provenant de la Caisse scolaire. Quant aux reçus créés lors des transferts de caisse à caisse, aux versements de fonds pour achats de rente, ils sont exempts du timbre soit comme quittances administratives, soit en vertu de l'exemption s'appliquant aux rentes sur l'Etat.

---

(1) Cette disposition, quoique conçue en termes généraux, ne comprend que les Caisses d'Epargne régulièrement autorisées. (Sol. des 25 avril et 31 mai 1877.)

Toute opération qui intéresserait uniquement la Caisse, mais ne se rapporterait pas exclusivement à ses opérations ordinaires, pourrait être assujettie au timbre; telle serait par exemple une quittance de subvention délivrée à une commune.

§ 2. — *Caisse Nationale des Retraites pour la Vieillesse.*

L'article 24 de la loi du 20 juillet 1886 dispose que « les certificats, actes de notoriété et autres pièces exclusivement relatives à l'exécution de la présente loi, seront délivrées gratuitement et dispensés des droits de timbre et d'enregistrement ».

Cette formule générale s'étend au timbre des quittances et décharges. Ainsi, sont dispensés de l'impôt les reçus de livrets ou de titres de rente, les quittances de remboursements de capitaux délivrés soit par les déposants, soit par leurs héritiers ou représentants.

Quant au paiement des arrérages des rentes servies, il se trouvait dispensé du timbre par l'effet de la loi ci-dessus rapportée. Mais cette situation a été modifiée par l'article 8 de la loi du 30 mars 1888, portant que « l'immunité des droits de timbre et d'enregistrement dont les pièces relatives à la Caisse des Retraites pour la Vieillesse jouissent, en vertu de l'article 24 de la loi du 20 juillet 1886 ne s'applique pas aux quittances d'arrérages des rentes viagères, qui restent soumises au droit de timbre de 10 centimes édicté par l'article 18 de la loi du 23 août 1871. »

Cette législation a elle-même été rapportée par la loi du 30 mai 1899, dont l'article 3 est ainsi conçu : « L'immunité des droits de timbre, dont les pièces relatives à la Caisse des Retraites pour la vieillesse et aux Sociétés de Secours Mutuels jouissent en vertu des articles 24 de la loi du 20 juillet

1886, et 19 de la loi du 1er avril 1898, s'applique aux quittances délivrées en exécution de ces lois pour remboursement de capitaux réservés et paiement de rentes viagères ou de pensions de retraites. »

Ces dispositions législatives s'expliquent d'elles-mêmes et se passent de commentaires.

---

## SECTION VII

### Autres quittances

#### § 1. — *Assistance médicale gratuite.*

La loi du 15 juillet 1893, qui a organisé l'assistance médicale gratuite, porte dans son article 32 : « Les certificats, significations, jugements, contrats, *quittances* et autres actes faits en vertu de la présente loi, et exclusivement relatifs au service de l'assistance médicale, sont dispensés du timbre et enregistrés gratis lorsqu'il y a lieu à la formalité de l'enregistrement, sans préjudice du bénéfice de la loi du 22 janvier 1851, sur l'assistance judiciaire. »

#### § 2. — *Réquisitions militaires.*

« Les procès-verbaux, certificats, significations, jugements, contrats, *quittances*, et autres actes faits en vertu de la loi du 3 juillet 1877, sur les réquisitions militaires, et exclusivement relatifs au règlement de l'indemnité, seront dispensés du timbre, et enregistrés gratis lorsqu'il y aura lieu à la formalité de l'enregistrement.» (Loi du 18 décembre 1878, article unique.)

#### § 3.— *Accidents du Travail.— Sociétés de Secours Mutuels.*

La loi du 9 avril 1898 dispose, art. 29 : « Les procès-verbaux, certificats, actes de notoriété, significations, jugements et autres actes faits ou rendus en vertu et pour l'exécution de la présente loi, sont délivrés gratuitement, visés pour timbre et enregistrés gratis lorsqu'il y a lieu à la formalité de l'enregistrement. »

Bien que la loi ne désigne pas nommément les quittances, elles se trouvent comprises dans l'expression générale « autres actes ». Aussi, l'Administration a-t-elle fait décider par le ministère des Finances que l'exemption prévue par la loi s'étend aux quittances de primes d'assurance, d'indemnités; aux quittances que délivrent les receveurs de l'Enregistrement, du montant des exécutoires, et à celles qui leur sont données par les officiers ministériels lors du paiement de la part leur revenant dans les frais dont le recouvrement a été effectué, et aux quittances des frais d'hospitalisation que les receveurs des Hospices délivrent aux Compagnies d'Assurances. Pour le même motif, on doit exempter du droit de timbre les quittances d'honoraires émanant des médecins qui ont fourni leurs soins aux blessés.

*Les Sociétés de Secours Mutuels* sont régies par la loi du 1er avril 1898, dont l'article 19 dispose que « sont également exempts du droit de timbre de quittance, les reçus de cotisations des membres honoraires et participants, les reçus de sommes versées aux pensionnaires, ainsi que les registres à souches qui servent au paiement des journées de maladie ».

Nous avons déjà vu que l'article 3 de la loi du 30 mai 1899 a étendu, pour les Sociétés de secours mutuels, la dispense de timbre aux quittances de capitaux réservés et au paiement d'arrérages de rentes viagères ou pensions.

# CHAPITRE IV

## Mode de paiement de l'Impot

### *SECTION Ire*

### Généralités

En principe, les droits de timbre sont acquittés au moyen d'un papier portant une vignette spéciale. L'Administration fournit donc au contribuable le papier qu'il doit employer. Ce contribuable a le droit de ne pas s'en servir, dans certains cas, en faisant timbrer des feuilles sur lesquelles il préfère rédiger ses conventions : c'est ce qui se passe le plus souvent en matière de timbre proportionnel, le négociant ou commerçant préférant se servir de coupons lui appartenant et contenant, imprimés, ses nom, profession et adresse. Il n'en est pas de même en matière de timbre des quittances: l'Administration ne fournit jamais le papier. (1)

(1) La même observation s'applique au timbre des affiches, des connaissements, et des lettres de voiture.

L'impôt peut être acquitté de trois manières :

1° Par l'apposition d'un timbre mobile.
2° Par le timbrage à l'extraordinaire.
3° Par états.

La loi du 23 août 1871, ainsi que le décret réglementaire du 27 novembre 1871 ont fixé les conditions sous lesquelles ces divers modes de paiement peuvent être employés. Les deux premiers peuvent être utilisés dans tous les cas; le troisième ne s'emploie que dans des circonstances déterminées.

L'Administration s'est efforcée de tout temps de mettre le timbre de 10 centimes à la disposition et à la portée des contribuables en multipliant les auxiliaires autorisés ou obligés à les vendre au public. Ce n'est pas assez, et il est regrettable que le souci de la statistique, la nécessité du contrôle, empêchent dans une certaine mesure l'emploi facultatif de toutes sortes de timbres, notamment du timbre-poste; sans doute, il est tout aussi facile de se procurer un timbre de quittance qu'un timbre-poste; mais cette considération n'est pas décisive. Le timbre poste, en effet, est d'un usage courant; il sert à chaque instant et il sert à tout le monde; il n'en est pas de même du timbre de quittance; bien des contribuables n'en usent que très rarement, et trouvent tout à fait superflu d'en posséder chez eux; c'est donc souvent une démarche particulière à faire le jour où il est nécessaire de rédiger une quittance, et, quoi que l'on en ait dit, de nombreuses contraventions sont commises, qui ne le seraient pas s'il était possible d'employer les timbres poste.

## SECTION II

### Timbrage par l'apposition du timbre mobile

#### § 1. — *Mode d'apposition et d'oblitération.*

C'est le procédé le plus commun, celui qu'a spécialement eu en vue le législateur. Le timbre mobile a eu différentes formes; mais il porte toujours l'inscription : Timbre des quittances, reçus et décharges.

Il doit, dès son apposition, être annulé par l'inscription, *à l'encre noire*, de la date de l'oblitération et de la signature de celui qui donne quittance, reçu ou décharge. Ces énonciations sont essentielles; elles ont d'ailleurs leur utilité, qui est d'empêcher un second usage du timbre. C'est dans le même but que la loi prescrit l'emploi de l'encre noire. L'Administration tolère l'*encre violette*, mais il semble bien qu'elle exclut l'encre à l'aniline. Une solution rendue le 25 mars 1899, en matière d'oblitération d'effets de commerce, s'exprime ainsi : « En principe, il semble difficile de considérer comme irrégulière l'oblitération faite à l'aide d'une encre violette, de la nature de celle généralement employée dans le commerce. Cette encre est avant tout noire; elle est seulement nuancée de violet, et la plupart des encres communicatives du commerce sont de cette nature. » Nous ne savons trop ce que l'on doit entendre d'un « encre violette qui est avant tout noire »; il nous suffit de constater que l'Administration maintient l'obligation de principe d'une encre noire. Elle a rappelé dernièrement aux commerçants cette nécessité de n'oblitérer les timbres qu'avec de l'encre noire, l'encre d'aniline pouvant disparaître par des procédés faciles, et un certain nombre de fraudes de cette nature ayant été constatées.

Au lieu d'effectuer cette oblitération par une mention manuscrite, le créancier qui donne quittance peut se borner à apposer un cachet, une griffe à travers le timbre; mais cette griffe doit contenir les mêmes mentions, c'est-à-dire la date, le nom du créancier, le lieu de sa résidence. L'Administration soutient que si l'une de ces indications ne se trouve pas dans la griffe, l'emploi de cette griffe constitue une contravention, et qu'il n'est pas possible de compléter à la main les indications manquantes. Cette prétention semble excessive et bien inutile. L'intention bien évidente du législateur a été que l'oblitération fût faite d'une manière indélébile, et de telle sorte qu'il fût impossible d'utiliser à nouveau le timbre, après l'avoir retiré d'une pièce devenue inutile; il importe peu dès lors que certaines de ces indications soient à la main ou que toutes soient contenues sur la griffe.

Le décret exige une *griffe à l'encre grasse*, assurant ainsi la fixité de la mention apposée; il y aurait contravention certaine dans l'usage de toute autre encre, puisque le texte dit expressément que « la signature peut être remplacée par une griffe apposée à l'encre *grasse*, faisant connaître la résidence, le nom ou la raison sociale du créancier et la date de l'oblitération du timbre » (art. 2) et que l'article 24 de la loi du 23 août 1871 punit toute infraction aux dispositions de ce règlement. Mais dès lors que la griffe est à l'encre grasse, la couleur est indifférente, le décret ne rappelant pas l'obligation imposée pour l'inscription à la main d'une encre noire.

L'oblitération a lieu en travers du timbre. Est-ce à dire qu'elle doit être toute entière sur le timbre, ou que, au contraire, elle doit déborder de chaque côté de la vignette ? Les deux solutions ont été préconisées. Nous estimons que l'une ou l'autre manière de faire met le créancier à l'abri de toute réclamation; toutefois, il est utile, dans la pratique, de faire porter l'annulation de chaque côté du timbre, afin que si, par accident, ou à cause de la composition du papier, le timbre venait à se décoller, il reste trace de l'acquit; il serait même préférable, à notre avis, de rédiger deux formules d'acquit : l'une sur le timbre, débordant au moins d'un côté; l'autre à un autre endroit du papier, destiné à servir de quittance. Cette mesure est recommandée aux comptables non pourvus d'une griffe spéciale destinée ou pouvant servir à l'oblitération du timbre.

L'Administration estime que la date, sauf le millésime, doit être inscrite entièrement sur le timbre. Nous ne pensons pas qu'une contravention puisse être relevée s'il en est autrement : à la condition que la date soit bien, en partie du moins, en travers du timbre. Ce qu'il faut essentiellement, ce qu'exige la loi, c'est que l'oblitération soit telle que le timbre soit mis hors d'usage.

L'Administration n'a pas, d'ailleurs, à se préoccuper d'autre chose. S'il plaît aux parties d'apposer la signature entière sur le timbre, elles peuvent le faire à leurs risques et périls.

Le timbre doit, en principe, être oblitéré par le créancier qui délivre la quittance. Cette règle souffre toutefois des exceptions. Comme nous avons vu (1), la jurisprudence décide que la quittance n'est pas libératoire, et par suite ne rend pas le timbre exigible, tant qu'elle reste entre les mains du créancier; comme d'autre part on ne saurait contraindre le créancier à faire lui-même, manuellement, la remise de la quittance au débiteur, il est évident que le timbre peut être oblitéré par la personne qui remet le titre libératoire, en recevant le montant de la dette. Cette solu-

(1) Vº ci-dessus, pages 36 et s.

tion n'est pas contestable, puisqu'il est accepté que la quittance soit elle-même signée, c'est-à-dire que le titre libératoire soit créé par un mandataire verbal, par un employé, ou toute autre personne commise à ce soin par le créancier. Une seule chose est à observer : c'est que la signature du timbre peut émaner d'une autre personne que celle qui a signé la quittance, en supposant que deux signatures soient données. Nous n'hésitons pas à penser que, dans ce cas, la qualité du signataire doit être indiquée sans erreur possible, de telle sorte qu'il ne puisse y avoir doute sur la valeur de cette signature; il serait trop facile en effet, dans des conditions contraires, d'utiliser plusieurs fois un même timbre; il suffirait de choisir ceux dont la date correspond à celle du paiement, sauf le millésime; mais ce millésime restant souvent hors du timbre, qui ne peut contenir l'énonciation complète de la date, le double usage n'offrirait pas de difficultés.

En fait, dans les relations commerciales, cette fraude n'est pas à craindre, l'usage de la griffe s'étant développé, et les commerçants et industriels utilisant de plus en plus ce mode d'oblitération.

Une autre exception est édictée par l'article 3 du décret du 27 novembre 1871, en ce qui concerne les paiements faits par les comptables (1) : « Les ordonnances, taxes, exécutoires et généralement tous mandats sur les caisses publiques, les bordereaux, quittances, reçus ou autres pièces, peuvent être revêtus du timbre à 10 centimes par les agents chargés du paiement. Le timbre est oblitéré au moyen d'une griffe par ces agents, qui demeurent responsables des con-

(1) L'arrêté ministériel du 20 juillet 1863, rendu pour l'exécution du décret du 29 octobre 1862, lequel a établi les timbres mobiles de dimension, prescrit l'annulation de ces timbres par les comptables qui les apposent.

traventions commises en raison de pièces acquittées à leur caisse.

Le règlement n'impose pas absolument l'emploi de la griffe : « les bordereaux peuvent, est-il dit, être revêtus du timbre par les agents.... » Il en résulte que l'oblitération par la signature de la partie prenante reste régulière; mais en donnant cette facilité aux préposés, les auteurs du décret ont voulu leur confier le soin d'assurer l'apposition du timbre dans tous les cas, qu'il s'agisse d'une somme payée par eux, ou d'une somme qu'ils encaissent. Si la partie prenante qui doit, selon la règle générale, apposer et oblitérer le timbre, sur la quittance qu'elle délivre, a omis de le faire, ou, ce qui est le plus commun, si elle ne l'a pu, la quittance toute prête étant ordinairement entre les mains du comptable, c'est à celui-ci qu'incombe l'obligation, sous sa responsabilité, d'assurer la régularité de ce document, au point de vue fiscal.

Mais quand il ne s'agit plus d'une quittance délivrée par la partie; quand, au contraire, c'est le comptable qui remet lui-même une quittance sujette au timbre, pour un versement qui lui est fait, les règlements administratifs lui prescrivent l'oblitération du timbre par le moyen exclusif de la griffe de son bureau; il lui est interdit de faire usage de sa signature.

Une décision du Ministre des Finances du 16 août 1897 (1) a autorisé les Receveurs des Communes et des Bureaux de bienfaisance à annuler les timbres des quittances, soit par la griffe spéciale de leur bureau, soit au moyen de la griffe « Payé », à la condition que ce mot soit apposé à l'encre grasse, noire, et que la griffe soit appliquée de telle sorte qu'une partie de l'empreinte porte sur la feuille de papier de chaque côté du timbre. Une autre décision du

(1) Instr. 2941.

29 novembre suivant a donné la même autorisation aux Trésoriers généraux, Receveurs particuliers et Percepteurs.

L'autorisation donnée aux agents comptables d'apposer et d'oblitérer eux-mêmes les timbres sur les quittances qui leur sont délivrées, a été étendue par le même article 3 du décret à certaines sociétés et entreprises.

« Les sociétés et compagnies, assureurs, entrepreneurs de transports et tous autres assujettis aux vérifications des agents de l'Enregistrement, par l'article 22 de la loi du 23 août 1871, et par les lois antérieures, peuvent également, sous leur responsabilité, user de la même faculté, en ce qui concerne les actions, obligations, dividendes et intérêts payables au porteur, les rentes sur l'étranger, ainsi que toutes autres pièces de dépenses, états de solde et d'émargement. »

Il ne s'agit, on le voit, que d'une faculté dont les sociétés et entreprises ne sont pas obligées de se servir; en cas de contravention, c'est-à-dire en cas d'omission du timbre, l'Administration ne peut donc les poursuivre directement, puisque, comme nous le verrons en parlant des pénalités, c'est le créancier seul qui, légalement devient débiteur du droit et de l'amende pour défaut de timbre.

L'énumération des sociétés et entreprises contenue dans le texte est limitative en ce sens qu'elle ne comprend que les personnes ou personnalités morales soumises aux vérifications de l'Administration, c'est-à-dire celles dont toutes les pièces de recettes et de dépenses sont régulièrement vérifiées, ou peuvent l'être.

L'oblitération doit d'ailleurs rester régulière, et la griffe employée doit contenir les indications prescrites.

Un décret du 29 avril 1881 a fait une application intéressante de cette faculté en créant les timbres collectifs. Puisque les comptables et sociétés peuvent apposer et oblitérer eux-mêmes les timbres mobiles, il était inutile d'exiger un timbre individuel pour chaque partie prenante, quand leur nombre atteint un certain chiffre. Le décret dont il s'agit porte, article 1er : « Il est établi, pour l'exécution de l'art. 18 de la loi du 23 août 1871, des timbres mobiles de 10 et 50 centimes, de 1 franc et de 2 francs, conformes aux modèles annexés au présent décret ». Ces timbres sont réservés exclusivement, dit l'article 2, au timbrage des « états d'émargement, registres de factage et de camionnage, et autres documents constatant les paiements et remises d'objets effectués par les personnes énoncées à l'article 4 et pour lesquels il est dû un droit de timbre de 10 centimes par chaque paiement excédant 10 francs, ou pour chaque objet reçu ou déposé. »

Les personnes dont il est question à l'art. 4 sont :

Les comptables de deniers publics ;

Les agents spéciaux des services administratifs régis par économie ;

Les trésoriers des corps de troupes ;

Les sociétés, assureurs, entrepreneurs de transport et autres personnes assujetties aux vérifications des agents de l'Enregistrement d'après les lois en vigueur.

L'autorisation a aussi été accordée aux syndics de faillites et liquidateurs judiciaires pour le timbrage des états de répartition.

L'article 6 du décret autorise d'ailleurs toutes autres personnes à jouir de la même faveur, à la condition de se soumettre au droit de vérification de l'Administration. L'autorisation ainsi accordée peut toujours être retirée.

Cette dernière disposition n'a donné lieu, à notre connaissance, à aucune difficulté, pour la raison, semble-t-il, qu'il y a peu de personnes disposées, pour le petit avantage matériel accordé par la loi, à se soumettre à des investigations qui peuvent avoir de bien graves inconvénients.

Il va sans dire qu'il ne s'agit, dans ces dispositions, que des quittances délivrées à ces comptables, sociétés et entreprises, et qui doivent rester dans leurs archives pour être vérifiées; il n'en saurait d'ailleurs être autrement, puisque les quittances remises aux tiers ne peuvent être que des pièces individuelles.

Si le nombre des parties prenantes figurant sur l'état ne correspond pas exactement à l'une des quotités ci-dessus, les timbres de 10 centimes sont apposés pour appoint et sont oblitérés dans les mêmes conditions et sous la même responsabilité (Art. 5 du décret).

On remarquera que, dans tous les cas, quand l'oblitération est faite par le débiteur, elle ne peut être effectuée qu'au moyen d'une griffe, les décrets de 1871 et de 1881 n'énonçant que ce procédé d'oblitération.

## § 2. — *Débite des timbres.*

Comme tous autres timbres et papiers timbrés, les timbres mobiles des quittances sont vendus par les receveurs de l'enregistrement. Dans le but de mettre ces timbres plus facilement à la portée du public, tous les débits de tabacs doivent en être approvisionnés. Des décisions ministérielles leur imposent cette obligation, qui est de droit, et à laquelle ils ne peuvent pas plus se soustraire qu'à l'obligation de vendre des timbres poste : c'est une charge de la concession qui leur est accordée.

De plus, à la suite d'une entente, intervenue entre le Ministre du Commerce et le Ministre des Finances, et portée à la connaissance des services (Direction générale des Postes et Télégraphes, Instruction n° 388; — Direction générale des Contributions indirectes, Circulaire du 2 août 1889 n° 564; — Direction générale de l'Enregistrement, Instruction du 12 août 1889 n° 2775), il a été décidé qu'à partir du 1er septembre 1889, tous les bureaux des Postes et des Télégraphes de France, y compris la Corse, coopéreraient, ainsi que tous les facteurs des Postes à la vente des timbres de quittances à 10 centimes.

Le Receveur de l'Enregistrement est le seul dépositaire des timbres; lui seul peut en recevoir de l'atelier général; ls débitants de tabacs, receveurs et facteurs des Postes, ne sont que des intermédiaires tenus de s'approvisionner chez lui pour les quantités dont ils ont besoin. Toutefois, une difficulté subsistait à l'égard des bureaux de tabacs existant dans les localités où il n'est pas établi de bureaux d'Enregistrement : l'approvisionnement était rendu difficile par la fermeture des bureaux à 4 heures et, parfois, par les difficultés des communications avec le chef-lieu de canton où réside le receveur. Elle a disparu par l'effet d'une décision du Ministre des Finances, transmise aux services, le 15 février 1901, et portant que tous les débitants de tabacs pourront, à compter du 1er mars 1901, s'approvisionner de timbres de quittances à 10 centimes indifféremment soit au bureau de l'Enregistrement de la circonscription, dans laquelle ils se trouvent, soit dans les bureaux de poste dont ils relèvent, soit à l'entrepôt où ils achètent le tabac. Cependant, cette faculté n'est accordée qu'aux bureaux de tabacs situés dans les localités autres que celles où résident les Receveurs de l'Enregistrement; comme par le passé, les débitants en résidence dans ces localités ne peuvent s'approvisionner qu'au bureau d'Enregistrement, et ils ne sont pas autorisés à acheter leurs timbres au bureau de poste.

Une remise de 1 % sur le produit de la débite est accordée à tous les agents, autres que les Receveurs de l'Enregistrement; cette remise est payée par ces derniers comptables et déduite du prix d'achat, car il est bien entendu que les débitants, comme les bureaux des Postes, ne sont pas des dépositaires, mais des marchands, qui ont payé comptant les timbres qu'ils mettent à la disposition du public.

## SECTION III

### Timbrage a l'extraordinaire

Pour rendre encore plus facile l'obéissance à la loi, le règlement du 27 novembre 1871 prévoit un mode particulier de paiement du droit : c'est le timbrage à l'extraordinaire. Ce timbrage consiste en l'apposition, par les soins de l'Administration, sur des formules imprimées, d'un timbre noir, ou bleu, lorsque les formules sont imprimées en noir, portant la mention « Timbre des Quittances ». La vignette est dans le même genre que celle des papiers timbrés ordinaires; le timbre sec n'existe pas.

L'article 4 du décret fixe comme suit les conditions de ce timbrage : « Les sociétés, compagnies et particuliers qui, pour s'affranchir de l'obligation d'apposer et d'oblitérer les timbres mobiles veulent soumettre au timbre à l'extraordinaire des formules imprimées pour quittances, reçus ou décharges, sont tenus de déposer ces formules et d'acquitter les droits (sauf la remise de 2 % accordée à titre de déchet) au bureau de l'Enregistrement de leur résidence, ou à celui qui sera désigné par l'Administration, s'il existe plusieurs bureaux dans la même ville. »

On peut donc faire timbrer ainsi des liasses, des carnets contenant un nombre déterminé de formules; la déclaration en est faite au Receveur de la résidence du contribuable à qui la formule est représentée. Ce comptable perçoit le droit exigible, remet une quittance spéciale qui doit être représentée au chef-lieu du département, dans les bureaux de la Direction de l'Enregistrement, à l'agent chargé d'opérer le timbrage; les envois en franchise par la poste ne sont pas admis (1); c'est donc au contribuable qu'incombe le soin de présenter lui-même ses formules au chef-lieu. A Paris, le timbrage a lieu à l'atelier général du Timbre, et la recette des droits s'effectue à un bureau voisin, situé dans le même immeuble.

Le décret prévoit, sur la somme due une remise de 2 % à titre de déchet. On entend par là la perte que peuvent éprouver ceux qui se servent de ces formules, mais l'Administration timbre et remet le nombre de formules qui lui ont été confiées. La remise est faite, alors même que les quittances présentées sont sous forme de registres ou d'états, la loi ne faisant aucune exception. Elle est accordée quel que soit le nombre de formules présentées; mais elle a lieu par voie de déduction sur le prix et non par un timbrage supplémentaire. Si le décompte s'opérait sur les formules, on ne pourrait faire de remise que si le nombre de formules était de 50, ou d'un multiple de 50 (2 % correspondant à 1 pour 50); tandis que la réduction étant opérée sur la somme, 20 formules ne sont imposées que 2 francs moins 4 centimes, c'est-à-dire 1 franc 96 centimes.

Toute formule peut être admise au timbrage à l'extraordinaire, à condition qu'elle se présente sous la forme nettement caractérisée d'une quittance, reçu ou décharge. L'Administration veut éviter que le contribuable puisse prétendre qu'elle s'est fait juge de la valeur du titre à inscrire sur le papier ainsi timbré, et qu'elle a considéré comme quittances des écrits qui n'en sont pas en réalité, et auraient dû être assujettis au droit de timbre de dimension. Elle a cependant rendu quelques décisions libérales qu'il faut se garder d'étendre par assimilation. Ainsi, elle autorise le timbrage à l'extraordinaire de formules de lettres destinées à contenir des accusés de réception; des factures, bien que la facture

(1) Il en est autrement des formules de chèques.

puisse être, dans certains cas, assujettie au timbre de dimension, le timbrage à 10 centimes s'appliquant au règlement, à l'avoir, à l'acompte qui peut être inscrit à la suite. Mais il ne faut pas oublier que, malgré sa forme, le timbre à l'extraordinaire ne produit pas plus d'effets que le timbre mobile; dans le cas où la pluralité des droits s'applique à un écrit, le timbre à l'extraordinaire ne saurait compter que pour un.

## *SECTION IV*

### Paiement sur états

La loi du 23 août 1871 n'a pas prévu le paiement par un autre mode que l'apposition du timbre, ou le timbrage à l'extraordinaire. Le décret du 27 novembre a dû se préoccuper de cas spéciaux où l'emploi du timbre présente des difficultés particulières, soit à cause de la dimension exiguë du titre libératoire, soit à cause de la multiplicité des agents chargés de le délivrer.

« Les billets de place, dit l'art. 6, délivrés par les compagnies et entrepreneurs, et dont le prix excède 10 francs, peuvent, si la demande en est faite, n'être revêtus d'aucun timbre, mais ces compagnies et entrepreneurs sont tenus de se conformer au mode de justification et aux époques de paiement déterminées par l'Administration. »

Des arrêtés successifs ont été pris pour l'application de cette disposition. L'économie en repose, pour tous, sur le même principe. Il est dressé périodiquement un état en double faisant connaître le nombre de billets délivrés; au vu de ces états, le paiement du droit est opéré dans des bureaux indiqués par l'Administration; le contrôle se fait ultérieurement au siège des sociétés, compagnies ou entreprises.

Les principaux arrêtés s'appliquent aux compagnies de chemins de fer pour les diverses taxations qu'elles perçoivent; aux billets de théâtre; aux cartes d'entrée sur les champs de course (Société d'encouragement, Société hippique française); aux offices de paris mutuels; aux compagnies de tramways (décision du 23 mars 1901); aux entreprises de messageries, paquebots, etc...

Diverses décisions, extensives du décret du 27 novembre, avaient également autorisé le paiement du droit par états, en ce qui concerne les états de solde ou d'émargement. Ces dispositions ne s'appliquaient primitivement qu'aux administrations publiques de l'Etat, mais elles avaient été, depuis, étendues à différents services (Ville de Paris; administrations municipales en général, compagnies de chemins de fer, Banque de France, Compagnie des Omnibus de Paris, Opéra). Mais le décret du 29 avril 1881, dont nous avons déjà parlé, ayant créé les timbres collectifs, le paiement par états a été supprimé sur ces documents (1), et actuellement tout état de solde ou d'émargement doit être revêtu soit de timbres mobiles, individuels, soit de timbres collectifs, dans les conditions que nous avons indiquées.

Le paiement par états a été encore autorisé en vuē de faciliter le paiement de l'impôt à des villes et sociétés, en ce qui concerne l'acquit des arrérages des obligations, des coupons, et même des versements sur les titres. C'est ainsi que la Ville de Paris acquitte le droit sur les bordereaux de coupons d'obligations qui lui sont présentés. Il en est de même du Crédit Foncier pour différents emprunts, ainsi que pour les versements successifs de ses émissions. L'autorisation spéciale, d'ailleurs, doit être demandée, dans tous les cas, l'Administration se réservant le droit de fixer les conditions dans lesquelles l'autorisation sera accordée, et de stipuler diverses mesures de contrôle.

---

(1) Sol. du 17 août 1888.

# CHAPITRE V

## Débiteurs des droits. — Pénalités

### SECTION Ire

### Débiteurs des droits

L'article 23 de la loi du 23 août 1871 dit expressément que « le droit de timbre est à la charge du débiteur ». Par cette disposition, le législateur n'a pas eu pour but de régler définitivement et irrévocablement les obligations des parties l'une à l'égard de l'autre. Elles peuvent faire à ce sujet toutes les conventions, verbales ou écrites, qui leur plaisent. Le créancier peut acquitter le droit quand il y trouve son intérêt, et, en fait, on sait que, dans le petit commerce, il est bien rare que cet impôt soit à la charge du débiteur; c'est là, avons-nous dit dans notre Introduction, l'un des inconvénients de la loi, l'incidence de l'impôt se trouvant déplacée. Mais il en pourrait être de même de nombre d'impôts, et il est bien difficile que l'Etat s'immisce dans les relations commerciales. Ce qu'il a voulu, en parlant du débiteur à qui la quittance est délivrée, c'est régler la question de savoir à qui incombe légalement le paiement du droit.

Il appartient à l'Administration de caractériser l'écrit, de décider s'il est ou non passible du droit, et de faire connaître quelle est vis-à-vis d'elle la partie qui est débitrice de l'impôt. Son rôle est alors achevé; elle n'a pas à juger qui doit, en définitive, supporter cet impôt; les tribunaux peuvent être appelés à trancher les différends qui s'élèveraient entre les parties, et à interpréter les conventions formelles ou tacites qui règlent leurs rapports mutuels.

Une question intéresse cependant le Trésor; elle se présente lorsqu'il s'agit de titres libératoires délivrés à l'Etat ou par lui.

L'article 29 de la loi du 13 Brumaire An VII dispose que « le timbre des quittances fournies à la République ou délivrées en son nom est à la charge des particuliers qui les donnent ou les requièrent; il en est de même pour tous autres actes entre la République et les citoyens. » En disant, dans l'art. 23 de la loi du 23 août 1871, que le timbre est à la charge du débiteur, le législateur a-t-il voulu porter atteinte à cette règle générale? Nous estimons qu'il l'a fait involontairement, c'est-à-dire qu'ayant omis de s'expliquer à cet égard, la nouvelle règle, qui est générale, abroge en fait les dispositions précédentes, qui établissent des règles contraires. Dans son Instruction générale n° 2413, l'Administration a émis un avis différent; mais elle s'est bornée à le formuler dans les termes suivants : « L'article 23 de la nouvelle loi dispose que le droit de timbre est à la charge du débiteur; néanmoins, il n'est rien innové à l'art. 29 de la loi du 13 Brumaire An VII, relatif aux quittances délivrées à l'Etat ou fournies en son nom. » Ce n'est là qu'une affirmation : ce n'est pas une démonstration. Ces deux textes contradictoires ne peuvent pourtant être cumulativement appliqués, au moins en ce qui concerne le timbre de 10 centimes, régi par les dispositions exceptionnelles de la loi du 23 août 1871.

Quoi qu'il en soit, l'Administration met ce timbre à la

charge des parties dans tous les cas. Si cette manière de faire est illégale, la résistance serait certainement sans effet, puisque une disposition législative rétablissant le régime de la loi de Brumaire, et à la promulgation de laquelle l'Etat est seul intéressé, serait sans difficulté obtenue du Parlement.

Il va sans dire, en tout cas, que l'exception de l'article 29 de la loi du 13 Brumaire An VII ne s'applique qu'aux quittances délivrées à l'Etat ou par lui, et non à celles qui se rapportent aux recettes et dépenses des départements, communes et établissements publics, qui ont des budgets particuliers, indépendants de celui de l'Etat, et doivent par suite supporter les charges imposées par les lois générales. Au point de vue du timbre, ces collectivités sont assimilées à des particuliers. Aussi décide-t-on que les départements et communes doivent prendre à leur charge le timbre des acquits délivrés par leurs agents sur les états de solde, de traitement, ou tous autres, et il en est ainsi alors même que la dépense pour laquelle la quittance est délivrée aurait fait l'objet d'une subvention de l'Etat.

D'autre part, il faut également que la quittance se rapporte à une recette ou à une dépense intéressant directement l'Etat. Il ne suffit pas en effet que l'opération soit faite par une administration pour que ce soit le particulier qui ait à supporter l'impôt. Le législateur ne s'est pas attaché à la qualité des parties, mais seulement à la nature de la recette ou de la dépense; il faut donc rechercher s'il s'agit d'une opération qui intéresse réellement les recettes et les dépenses budgétaires. C'est ainsi que lorsque l'Administration des Domaines, représentant l'Etat, gère une succession vacante, les quittances qui lui sont données sont soumises au timbre, aux frais de la succession. L'Etat, dans ce cas, n'agit pas, en effet, pour son compte personnel; il tient la place des ayants-droit qui peuvent revendiquer la succession; il agit donc comme un simple mandataire, et à ce titre, il doit supporter les charges dues par les particuliers. Mais les dépenses de timbres qu'il fait pour ce motif ne sont pas davantage supportées par l'Etat, puisqu'elles sont inscrites en dépense dans le compte d'administration qui sera rendu, s'il y a lieu.

Le même article 23 de la loi du 23 août 1871 édicte une autre exception à la règle qui met le droit de timbre à la charge du débiteur. Nous l'exposerons et l'expliquerons au paragraphe qui va suivre, sur les pénalités.

---

## SECTION II

### Pénalités

#### § I. — Généralités. — Quotités. — Débiteurs.

##### I. — GÉNÉRALITÉS

La loi a édicté une pénalité assez forte pour qu'il n'y ait aucun rapport entre la quotité du droit et celle de l'amende encourue à défaut de paiement; elle a voulu ainsi enlever tout intérêt au fraudeur, et en même temps assurer au Trésor une compensation du droit en cas d'omission répétée. Les moyens de contrôle dont il sera plus loin question sont d'ailleurs peu nombreux et d'un effet souvent incertain.

##### II. — QUOTITÉS

« Toute contravention, dit l'article 23, aux dispositions de l'article 18 sera punie d'une amende de 50 francs. L'amende sera due par chaque acte, écrit, quittance, reçu ou décharge, pour lequel le droit de timbre n'aurait pas été acquitté. »

Et l'article 24 ajoute : « Un règlement d'administration publique déterminera les formes et les conditions d'emploi des timbres mobiles créés en exécution de la présente loi. Toute infraction aux dispositions de ce règlement sera punie d'une amende de 20 francs. Sont applicables à ces timbres les dispositions de l'article 21 de la loi du 11 juin 1851. (1)

« Sont considérés comme non timbrés : 1° les actes, pièces ou écrits sur lesquels le timbre mobile aurait été apposé sans l'accomplissement des conditions prescrites par le règlement d'administration publique, ou sur lesquels aurait été apposé un timbre ayant déjà servi; 2° les actes, pièces ou écrits sur lesquels un timbre mobile aurait été apposé en dehors des cas prévus par l'article 18. »

Ajoutons que ces diverses amendes doivent être augmentées de deux décimes et demi, soit du quart.

C'est dans le décret réglementaire (art. 2) que se trouvent réglées les conditions d'apposition et d'oblitération du timbre que nous avons étudiées précédemment.

La combinaison de ces textes soulève une difficulté qui n'a pas encore été résolue définitivement : quelle est, en cas d'oblitération irrégulière, la quotité de l'amende exigible ? Si l'on s'en tient au premier paragraphe de l'article 24, c'est l'amende de 20 francs, puisqu'il s'agit d'une infraction aux prescriptions du règlement, et que les infractions de cette nature sont passibles de l'amende de 20 francs. Mais si l'on poursuit la lecture de cet article, on constate que la loi considère l'écrit portant un timbre irrégulièrement oblitéré comme s'il n'avait pas été timbré : dans ces conditions, c'est l'amende de 50 francs qui serait due.

L'Administration s'est prononcée dans le sens de l'amende de 50 francs, mais la jurisprudence est en général contraire à cette interprétation.

(1) Cet article est ainsi conçu : « Ceux qui auront sciemment employé, vendu ou tenté de vendre des timbres mobiles ayant déjà servi seront poursuivis devant le Tribunal correctionnel, et punis d'une amende de 50 à 1,000 francs. En cas de récidive, la peine sera d'un emprisonnement de cinq jours à un mois et l'amende sera doublée..... Il pourra être fait application de l'art. 463 du Code Pénal. »

Ecartons de suite la possibilité d'une double pénalité. Il est évident, en effet, que les deux amendes ne peuvent être dues à la fois pour un fait unique, et que la peine ne peut être plus forte pour un défaut d'oblitération qui suppose néanmoins la consommation du timbre, que pour l'absence de ce timbre.

Nous estimons que seule l'amende de 20 francs est applicable. L'article 24 de la loi se divise en deux parties ayant chacune leur but distinct : dans la première partie, il s'agit du mode d'apposition du timbre et de la quotité de l'amende exigible en cas d'infraction aux prescriptions édictées sur ce point.

Dans la seconde partie, il s'agit du droit de timbre même et des cas où il peut être réclamé. Le législateur ne parle pas des quittances délivrées sans apposition de timbre, puisque le doute ne peut dans ce cas exister sur l'exigibilité d'un droit qui était dû, et qui n'a pas été payé. Pour les quittances irrégulièrement timbrées, on aurait pu soutenir, avec raison, semble-t-il, que le timbre ayant été apposé, et que le titre se trouvant en la possession de l'Administration, qui peut compléter par une griffe l'oblitération insuffisante, le Trésor n'éprouve de ce chef aucun préjudice, et le droit ne saurait être réclamé, la pénalité subsistant seule. Il n'était donc pas inutile de stipuler expressément que, même dans ce cas, le droit de timbre serait réclamé.

C'est l'interprétation admise par les Tribunaux : « Attendu, porte un jugement du Tribunal de Rouen, du 7 février 1895, que vainement l'Administration réclame une amende de 50 francs, se fondant sur l'article 24 de la loi du 23 août 1871, duquel il résulte que les actes sur lesquels le timbre mobile aurait été apposé sans les conditions prescrites par ce règlement, sont considérés comme non timbrés; que cette disposition a pour conséquence l'obligation d'acquitter un nouveau droit de timbre de 10 centimes, mais qu'elle ne saurait avoir eu pour but principal de créer une pénalité plus forte pour des faits qui ne sont autres, évidemment, que des contraventions au mode d'emploi des timbres mobiles. » (1)

« Attendu, porte de même un jugement du Tribunal d'Hazebrouck du 27 décembre 1884 (2), que selon le § 1er de l'article 24, toute infraction aux dispositions du règlement d'administration publique dans les conditions d'emploi du timbre, sera punie d'une amende de 20 francs; qu'il résulte de cet article que, lorsque le timbre ayant été matériellement employé, il y a simplement une infraction, quelle qu'elle soit, dans les conditions de l'emploi, il n'y a lieu, pour chaque timbre, qu'à une amende de 20 francs, sans apposition d'un nouveau timbre. » (3)

Ce dernier jugement décide qu'un nouveau droit de timbre n'est pas exigible; bien à tort, selon nous, car c'est méconnaître la disposition formelle du second paragraphe de l'article 24; c'est ce qu'a bien vu le Tribunal du Havre, en jugeant, le 26 juillet 1876, que « en disant que de tels actes seront considérés comme non timbrés, le § 3 de l'article 24 de la loi du 23 août 1871 ne paraît avoir eu d'autre but que de réserver le droit d'exiger l'emploi d'un nouveau timbre sur l'acte qui devait en être revêtu. »

A cet argument ni l'Administration ni les commentateurs n'ont trouvé de réponse. Au surplus, la thèse administrative ne parvient pas à éviter des contradictions, dont la plus certaine est que la partie de la loi qui édicte une amende de 20 francs devient sans objet, ce que les commentateurs ne contredisent pas.

Si la question n'a pas donné lieu à plus de décisions judiciaires, si elle n'a pas été portée devant la Cour de Cassation, c'est que, en fait, elle est le plus souvent sans impor-

---

(1) V° T. A. Maguero Reçu N° 72.

(2) J. E. 22543.

(3) On ne peut citer en sens contraire qu'un jugement non motivé du Tribunal de Rouen du 1er décembre 1898. (R. P. 9716).

tance, la juridiction gracieuse ayant l'habitude de ne maintenir sur les amendes qu'une somme bien inférieure à l'amende de 20 francs. (1)

### III. — DÉBITEURS DES AMENDES

Après avoir mis le prix du timbre à la charge du débiteur, le législateur a pris une disposition tout autre pour le cas de quittance délivrée en contravention avec la loi : « Le droit de timbre est à la charge du débiteur; néanmoins, le créancier qui a donné quittance, reçu ou décharge, sans se conformer aux dispositions de l'art. 18, est tenu personnellement et sans recours, nonobstant toute stipulation contraire, du montant des droits, frais et amendes. »

Il n'est peut-être pas, dans la loi du 23 août 1871, de disposition plus ignorée des contribuables que celle-là. Tout le monde semble croire qu'il est impossible que le débiteur, qui a tacitement participé à la délivrance de la quittance, et par conséquent à la contravention, et qui, de plus, n'a pas acquitté l'impôt, puisse rester indemne de toute pénalité.

Cependant, la logique et la sagesse de la loi ne sauraient être mises en doute.

C'est en effet le créancier seul qui délivre la quittance; le débiteur ne peut donc le contraindre à apposer un timbre qu'il ne lui plairait pas d'apposer et d'annuler; il n'a aucun moyen pour l'y contraindre; il ne peut donc être responsable d'un fait qu'il n'a pu empêcher. En vain soutiendrait-on que si le timbre n'a pas été employé, il est à présumer que la cause en est dans le refus du débiteur d'en acquitter le montant. Ce n'est là qu'une présomption, et elle est bien

(1) Généralement 6 fr. 25.

faible; en tout cas, le créancier n'avait pas à obéir à ce sentiment plus ou moins naturel du débiteur qui essaie de tromper le fisc; il sait qu'il se met à la disposition de ce débiteur, qui, détenant la quittance irrégulière, pourra en faire tel usage qu'il lui plaira, et c'est bien aussi pour ce motif qu'il eût été mauvais de punir le débiteur; celui-ci qui, nous le répétons, ne pouvait matériellement contraindre le créancier à rédiger une quittance régulière au point de vue de l'impôt, aurait hésité à faire usage de son titre libératoire s'il n'avait pu le produire sans tomber sous le coup d'une pénalité fiscale. Enfin, le créancier a un moyen très facile d'agir régulièrement: il peut mettre le débiteur en face de cette alternative : ou se passer de quittance, ou payer 10 centimes pour en avoir une.

La loi est donc formelle. L'Administration ne peut poursuivre le recouvrement des droits, frais et amende que contre le créancier. Le texte ajoute même : « sans recours »; c'est-à-dire que si toutes les conventions sont possibles entre débiteur et créancier, au moment où la quittance est délivrée, il n'en est plus de même lorsque la contravention a été commise. Le créancier est définitivement débiteur, et il n'a de recours contre qui que ce soit. Toute stipulation contraire serait nulle : la loi le dit expressément.

Il va sans dire que cette disposition s'applique non seulement aux quittances non timbrées, mais encore aux quittances dont le timbre a été irrégulièrement oblitéré; ce qui caractérise, plus encore que le défaut du timbre, la faute à la charge du créancier.

On sait qu'en matière de timbre, et contrairement au principe de droit commun qui veut que les peines soient personnelles, les héritiers du contrevenant restent débiteurs des amendes. La règle posée dans l'article 76 de la loi du 28 avril 1816 ne laisse place à aucun doute : « En cas de décès des contrevenants, lesdits droits et amendes seront dus par leurs successeurs, et jouiront, soit dans les successions, soit dans les faillites, ou tous autres cas, du privilège des Contributions directes. » La loi du 23 août 1871 n'ayant pas dérogé à cette disposition, cette responsabilité s'applique au timbre de 10 centimes. Il va de soi d'ailleurs que le droit et les amendes ne peuvent être réclamés qu'aux représentants du créancier, et non à ses légataires particuliers qui ne succèdent qu'aux biens.

D'autre part, la Cour de Cassation décide que « les amendes ont, en matière de contravention aux lois sur le Timbre, le caractère d'une réparation civile ». (1) L'amende est donc due par toute personne civilement responsable de l'auteur de la contravention, sans que l'Administration soit tenue de mettre celui-ci en cause. L'application de cette règle est fréquente en matière commerciale; le patron est responsable de ses employés, et c'est à lui seul que sont réclamés les droits et amendes sur les quittances irrégulièrement délivrées par les employés; il en est de même du mandant responsable des faits du mandataire, du mari responsable des quittances délivrées par sa femme; du notaire de celles rédigées par ses clercs; du directeur d'une société responsable des faits de ses commis.

Nous avons vu que les comptables sont autorisés, *sous leur responsabilité*, à apposer et oblitérer eux-mêmes le timbre des quittances qui leur sont délivrées (art. 3 du décret du 27 novembre 1871). Cette responsabilité est la conséquence naturelle de l'obligation que l'Administration leur impose en mettant à leur disposition une griffe destinée à l'oblitération du timbre. Chargés d'assurer l'exécution de la loi, il est naturel que le créancier, qui s'en est rapporté aux dispositions du règlement, soit mis hors de cause. Cette responsabilité ne reçoit d'ailleurs qu'une sanction adminis-

(1) Arrêt du 12 août 1856. Sir. 57. 1. 279; D. P. 56. 1. 362.

trative, et les décisions qui en prononcent l'application ne sont pas de la compétence des tribunaux ordinaires.

Quant aux sociétés autorisées à apposer et oblitérer elles-mêmes le timbre de 10 centimes, l'Administration décide (1) que leur responsabilité est limitée aux irrégularités dans l'oblitération du timbre, pour le motif que l'art. 23 met à la charge du créancier le droit de timbre des quittances délivrées en contravention avec la loi. Le décret réglementaire n'a pu en effet porter atteinte aux dispositions de la loi dont il avait pour but d'assurer l'exécution. Le créancier qui délivre la quittance à une société doit donc veiller à ce que le timbre soit apposé, l'oblitération restant confiée à la société.

### § 2. — *Acquits non timbrés.*

La première nature de contraventions est relative aux écrits non timbrés. Nous avons eu déjà l'occasion de faire remarquer que le droit de timbre de 10 centimes est un impôt spécial, et que la délivrance de l'acquit à la suite d'un acte rédigé sur papier timbré n'exemptait pas la quittance de ce droit spécial.

Il en est toutefois autrement lorsque la quittance est délivrée seule, sur une feuille de timbre de dimension. La loi du 23 août 1871 a eu en effet pour objet de réduire le coût de ce timbre en ce qui concerne les écrits contenant quittance, reçu ou décharge; le timbre de 10 centimes tient donc de la nature du timbre de dimension, et l'on comprend que l'Administration accepte que le contribuable acquitte un impôt plus élevé que celui qui est effectivement exigible.

---

(1) Sol. des 27 janvier 1873 et 5 janvier 1885.

L'emploi d'une feuille de papier timbré pour la rédaction d'une quittance pure et simple est donc autorisé. L'Administration admet même que des quittances successives soient délivrées à la suite l'une de l'autre, sur cette feuille, jusqu'à concurrence du prix de la feuille. De même, un comptable peut employer un timbre de 25 centimes à la place du timbre de 10 centimes, dans le cas où c'est seulement ce dernier droit qui est dû; le timbre de 25 centimes n'est en effet que le droit de timbre de dimension réduit spécialement pour les quittances de sommes.

De même encore, si un écrit non passible du timbre par lui-même, tel qu'un mémoire, une facture non signés; un mandat de paiement, a été rédigé sur papier timbré au timbre de dimension, la quittance peut être donnée à la suite sans apposition du timbre à 10 centimes. De même enfin, un rôle de journées d'ouvriers rédigé sur papier timbré peut recevoir, sans timbre à 10 centimes, des quittances jusqu'à concurrence du coût du papier employé.

Mais, sans aucun motif sérieux, l'Administration refuse d'admettre l'imputation du droit de dix centimes sur le timbre proportionnel, en d'autres termes, si le créancier emploie pour la rédaction de la quittance, un timbre proportionnel de 10 centimes, ou même d'une quotité supérieure, il n'en sera pas tenu compte, et l'écrit sera considéré comme non timbré. Nous connaissons bien le semblant de motif qui est allégué. L'article 12 de la loi du 16 juin 1824, qui a modifié la quotité des amendes en matière de timbre proportionnel, décide que lorsqu'un effet, un billet, ou une obligation aura été écrit sur du papier d'un timbre inférieur à celui qui aurait dû être employé, l'amende du vingtième ne sera perçue que sur le montant de la somme excédant celle qui aurait pu être exprimée sans contravention dans le papier employé, et il ajoute : « Les effets, billets ou obligations écrits sur papier portant le timbre de dimension, ne seront assujettis à aucune amende, si ce n'est dans le cas d'insuffisance du prix du timbre, et dans la proportion ci-dessus fixée. » Le droit de timbre de dimension s'impute donc sur le droit proportionnel ; mais comme l'imputabilité de ce dernier droit sur le timbre de quittance n'a pas été prévue par la loi du 23 août 1871, on en conclut qu'elle ne doit pas être admise.

Nous ne saurions accepter cette conséquence. Dans un cas comme dans l'autre, il s'agit d'un droit de timbre, d'un impôt spécial. Dès lors qu'il est acquitté par un timbre quelconque (nous voulons bien faire exception pour les timbres poste qui sont vendus par une autre administration), le Trésor est désintéressé. La loi du 16 juin 1824 a prévu l'imputation parce qu'il fallait déterminer la quotité des amendes; elle n'a pas eu pour but de poser le principe de cette imputation, et il n'est pas entré dans sa pensée de supposer qu'elle pût être refusée; mais il fallait régler l'emploi de ces timbres différents, et la conséquence que pouvait avoir l'usage d'un timbre qui n'est pas proportionnel. Au surplus, le droit de timbre proportionnel tient si bien lieu du timbre de dix centimes que la loi du 30 mars 1872 a dispensé, comme nous l'avons vu, du droit de timbre de quittance, les acquits donnés sur les billets timbrés au droit proportionnel. L'assimilation entre ces diverses natures de timbres : dimension, proportionnel et quittance, trouve donc sa manifestation dans les divers articles de nos lois fiscales, et il est regrettable qu'une subtile distinction administrative prive le contribuable d'un mode de paiement supplémentaire.

Nous avons dit que les quittances données à la suite d'un autre acte régulièrement rédigé sur papier timbré sont assujetties au droit de 10 centimes. La doctrine applicable en matière d'acte rédigé à la suite s'oppose, en effet, à ce que les deux écrits soient rédigés sur la même feuille de papier timbré; le papier étant consommé par la rédaction du premier acte, la quittance à la suite doit être considérée comme non timbrée, et l'amende de 50 francs devient exigible.

## § 3. — *Oblitération irrégulière.*

Nous avons discuté déjà la quotité de l'amende exigible en cas d'oblitération irrégulière, c'est-à-dire sans l'énonciation sur le timbre des mentions prescrites.

Il nous suffit d'ajouter que lorsqu'un timbre a été apposé au cas où il n'est pas dû, l'amende pour oblitération irrégulière ne saurait être réclamée; le timbre étant inutile, il n'y a pas lieu de s'occuper de la manière dont il a été employé.

Une autre question s'est posée en matière de timbres collectifs. Si un timbre de cette nature a été oblitéré sans les indications voulues, quel est le nombre des contraventions encourues ?

L'Administration, poussant jusqu'au bout sa doctrine, répond : l'oblitération irrégulière fait considérer la quittance comme n'étant pas timbrée; or, comme le timbre collectif s'applique à plusieurs quittances, il faut appliquer la pluralité des amendes. Cette conséquence logique d'un principe que nous avons combattu, est la condamnation même de la doctrine administrative. Il est évident, en effet, que l'omission sur le timbre de l'une des indications voulues constitue un fait unique; c'est ce fait qui est passible de la peine, et il est difficile d'admettre qu'il puisse être réclamé, dans de semblables circonstances, de multiples amendes.

## § 4. — *Emploi en dehors des cas prévus.*

L'article 23 de la loi déclare que l'on doit considérer comme non timbrés les écrits sur lesquels le timbre de 10 centimes aura été apposé en dehors des cas prévus. C'est dire que le droit de timbre de 10 centimes ne remplace ni le timbre de dimension, ni le timbre mobile, et, de plus, qu'il ne s'impute pas sur le droit de timbre exigible. La règle ici est formelle, et ne saurait être éludée.

Par suite, un écrit soumis au droit de timbre de dimension ou au droit de timbre proportionnel, et ne portant qu'un timbre des quittances, donnera ouverture aux mêmes amendes que si ce dernier timbre n'avait pas été apposé. Le droit restant dû ne sera pas diminué de 10 centimes, montant du prix du timbre.

## § 5. — *Timbre ayant déjà servi.*

L'emploi d'un timbre ayant déjà servi donne lieu, aux termes de l'art. 24 de la loi, à deux sortes de pénalités : 1° l'amende fiscale; 2° la peine correctionnelle. Mais, tandis que l'amende fiscale est encourue par le fait seul de la contravention constatée, la peine correctionnelle n'est applicable que si l'usage a été fait *sciemment*. Cette distinction, en fait, n'est qu'apparente; car il est bien difficile de prouver que l'emploi d'un timbre ayant déjà servi n'a pas été fait sciemment.

Le droit de timbre de 10 centimes, comme tout autre droit de timbre, est un impôt de consommation; le timbre apposé et oblitéré a servi, alors même que la quittance n'aurait pas été délivrée : c'est l'application pure et simple de la règle générale qui ne rend pas l'Administration juge de la valeur des actes. En conséquence, un timbre, dès qu'il a été apposé et oblitéré, ne peut plus être enlevé pour un usage ultérieur. Mais si ce timbre n'a pas été oblitéré, son usage n'a pas été complet; il n'a été employé ni en droit ni en fait : en droit, l'écrit sur lequel il a été ainsi apposé est considéré comme non timbré; en fait, l'absence de toute oblitération prouve qu'il n'a été placé que sur un projet de quittance, et que cette quittance n'ayant pas été délivrée, n'a pas constitué un écrit libératoire.

La constatation la plus facile de ce fait qu'un timbre a déjà servi est faite au moyen des traces laissées au verso du timbre par le papier d'où il a été décollé, et par les mots ou lettres, ou traits de griffe de la précédente oblitération.

Les diverses circonstances de chaque affaire permettent d'ailleurs l'appréciation de la réalité de la contravention.

## SECTION II

### Répression des contraventions

#### § 1. — *Agents autorisés à constater les contraventions.*

I. — Agents de l'Enregistrement. — Droit de communication

Diverses lois fiscales avaient accordé à l'Administration de l'Enregistrement un droit de communication destiné à assurer le recouvrement des droits qu'elles édictaient; mais ces dispositions législatives ne sortaient pas du cadre de l'impôt créé, et limitaient les communications aux documents utiles à ce contrôle spécial. C'est ainsi qu'avaient procédé la loi du 22 Frimaire An VII, pour les actes des notaires et officiers publics, la loi du 5 juin 1850 pour les titres d'actions et obligations émis par les sociétés, la loi du 23 juin 1857 pour les registres de transferts tenus par les Magasins généraux, et la loi du 13 mai 1863 pour certains documents constatant la délivrance par les compagnies de chemins de fer des récépissés pour les expéditions.

La loi du 23 août 1871 a procédé d'une manière plus générale. L'article 22 est ainsi conçu : « Les sociétés, entrepreneurs de transports, assureurs, compagnies et tous autres assujettis aux vérifications des agents de l'Enregistrement par les lois en vigueur, sont tenus de représenter aux dits agents leurs livres, registres, titres, pièces de recettes, de dépenses et de comptabilité, afin qu'ils s'assurent de l'exécution des lois sur le Timbre. Tout refus de communication sera constaté par procès verbal et puni d'une amende de 100 à 1,000 francs. » (1)

L'exécution des lois sur le Timbre, tant du timbre des quittances, reçus et décharges, que de tout autre droit de timbre, est donc contrôlée en vertu de cette disposition (2), qui permet d'exiger la communication de toutes pièces, documents ou registres se rapportant directement ou indirectement à la comptabilité. Il n'entre pas dans notre cadre de développer l'énumération de ces documents; la généralité des termes employés explique assez l'étendue du droit accordé à l'Administration au point de vue spécial du timbre des quittances; il apparaît bien que la faculté de vérifier toutes les quittances délivrées aux sociétés et autres assujettis est absolue, et c'est là le point essentiel. Ajoutons qu'il en serait de même des accusés de réception, des factures et mémoires produits, ces pièces étant des documents de comptabilité.

Pour obtenir ces communications, les agents qui exercent le droit accordé à l'Administration, n'ont pas à s'expliquer sur le but qu'ils poursuivent, et qui est, en définitive, la surveillance du paiement de l'impôt.

Indépendamment des études des officiers publics, des établissements publics, le droit de communication s'exerce dans les compagnies d'assurances, dans le sociétés et entreprises de transports déjà assujetties à ces vérifications par les lois antérieures.

Ces sociétés, aux termes des lois des 5 juin 1850 et 23 juin 1857, sont les sociétés par actions, c'est-à-dire celles qui ont émis des titres d'actions ou d'obligations passibles du droit de timbre spécial créé par la loi de 1850, ou du

(1) La quotité de l'amende a été élevée de 1,000 à 10,000 francs par la loi du 17 avril 1906, article 5.

(2) La loi du 21 juin 1875, art., 7 a procédé de même en ce qui concerne les droits d'enregistrement.

droit de transmission établi par la loi de 1857. Dès lors qu'une société n'a pas émis de titres de cette nature, elle échappe par là même aux investigations du fisc. Il va sans dire, d'ailleurs, que ce n'est pas le fait matériel de la création du titre qui ouvre le droit de l'Administration, mais le fait seul que des actions ou obligations négociables ont été attribuées dans l'acte constitutif ou dans un acte de délibération postérieur.

Une société en nom collectif ou en commandite simple échappe donc à cette obligation; mais si elle crée des titres négociables, elles y devient immédiatement assujettie.

Indépendamment de ces sociétés, les entreprises de transports sont tenues de laisser les agents du fisc effectuer leur contrôle dans leurs archives, que ces entreprises soient ou non constituées en sociétés. Le législateur a voulu primitivement assurer la vérification des documents de transports et l'application du timbre sur les récépissés, lettres de voitures, connaissements; telle est l'origine de l'assimilation, à notre point de vue, des entreprises de transports aux sociétés anonymes. L'extension générale des documents à communiquer, stipulée dans l'article 22 de la loi du 23 août 1871, s'applique donc à ces entreprises, qui sont tenues de représenter tous leurs documents et livres de comptabilité.

La vérification chez les assujettis n'a jamais pour résultat la réclamation à la société de droits et amende de timbre à 10 centimes, puisque toutes les pièces vérifiées sont celles qui ont été délivrées à la société, et qui, par conséquent, émanent de tiers. Ces pièces, si elles sont en contravention, peuvent être saisies par l'employé supérieur de l'Administration qui opère la vérification, dans le but d'être annexées au procès verbal qu'il est autorisé à dresser. Le plus souvent, le procès verbal n'est pas rédigé, les contrevenants consentant en général à reconnaître l'irrégularité commise, et à demander la réduction de l'amende à titre gracieux. Les sociétés ont d'ailleurs le droit, quand les contrevenants ont acquitté la somme qui leur a été réclamée, d'exiger la restitution des pièces utiles à leur comptabilité, et que l'Administration n'a plus aucun intérêt à détenir.

Le droit de communication s'exerce au siège social ou dans les autres bureaux de la société, partout où sont placés les documents soumis au contrôle. Mais les agents de l'Administration n'ont pas le droit d'exiger le déplacement de ces pièces, ni des registres, et ils ne peuvent en aucun cas les faire transporter au dehors.

Il est bon d'observer que la loi du 23 août 1871 ne demande pas compte aux agents verbalisateurs des procédés employés pour la constatation des contraventions au timbre de 10 centimes; elle exige seulement la représentation de l'écrit en contravention. Mais cette liberté n'empêche pas que tout procédé illicite soit vigoureusement interdit : C'est ainsi qu'un agent ne saurait constater des contraventions sur des documents dont il aurait eu la représentation, en invoquant un droit de communication qui ne lui appartient pas.

Mais, par contre, les droits et amendes peuvent être réclamés sur des écrits remis par malveillance aux agents autorisés à constater les contraventions, ou qui sont tombés fortuitement en leur possession. Hâtons-nous d'ajouter que les agents de l'Administration de l'Enregistrement ne croient pas cependant de leur dignité de profiter de ces facilités, et que bien rarement ils s'intéressent aux contraventions tombées par hasard sous leurs yeux en dehors de leurs fonctions administratives.

### II. — AUTRES AGENTS

L'article 23 énumère d'autres agents ayant exceptionnellement le droit de constater les contraventions commises en matières de timbre à 10 centimes. Ce sont :

Les officiers de police judiciaire, c'est-à-dire les Magistrats des Parquets, les Juges de paix, les Maires, les Gardes champêtres.

Les agents de la Force publique : Agents de police, Gendarmes, Gardes champêtres.

Les préposés des Douanes, des Contributions indirectes et ceux des Octrois, sans distinction de grades.

Dans cette énumération ne figurent pas les agents du service des Postes : mais on sait qu'il leur est permis d'ouvrir les paquets envoyés sous bandes ou sous enveloppes non fermées et timbrées au tarif réduit, comme il est d'usage de le faire pour les factures. Si ces agents découvrent dans les écrits dont ils prennent ainsi connaissance des contraventions au timbre des quittances, reçus ou décharges, il est de leur devoir d'en faire le dépôt au bureau du Receveur de l'Enregistrement de leur résidence, qui dresse procès verbal et assure le recouvrement des droits et des amendes. Nous avons dit déjà (1) que les cartes postales étant assimilées à des lettres fermées, les agents des Postes n'ont pas le droit d'en prendre lecture; les contraventions qu'ils pourraient constater sur ces écrits auraient donc été illicitement relevées, et ne recevraient pas de suite.

Il va sans dire d'ailleurs que, malgré les termes quelque peu dubitatifs de l'article 23, les agents autorisés à dresser des procès verbaux de contravention pour omission de timbre peuvent également en dresser pour contravention aux dispositions du Règlement d'administration du 27 novembre 1871, c'est-à-dire en cas d'oblitération irrégulière.

(1) V° ci-dessus, page 44.

### § 2. — *Mode de constatation des Contraventions.*

L'article 23 de la loi dispose que les contraventions seront constatées par des procès verbaux dressés conformément aux articles 31 et 32 de la loi du 13 Brumaire An VII, et par la représentation des pièces non timbrées et annexées aux procès verbaux.

L'article 31 de la loi de Brumaire autorise les préposés de la Régie « à retenir les actes, registres ou effets en contravention à la loi du Timbre, qui leur seront présentés, pour les joindre aux procès verbaux qu'ils en rapporteront, à moins que les contrevenants ne consentent à signer lesdits procès verbaux, ou à acquitter sur-le-champ l'amende encourue et le droit de timbre ». En cas de refus, ajoute l'article 32, les préposés de la Régie feront signifier dans les trois jours les procès verbaux qu'ils auront rapportés, avec assignation devant le Tribunal civil.

En matière de contravention aux lois sur le timbre, la rédaction d'un procès verbal est donc obligatoire, et ce procès verbal est la seule base des poursuites à exercer. Cependant, si les contrevenants consentent à acquitter les droits et amendes reconnus exigibles, il est évident que la rédaction d'un procès verbal devient inutile, puisque la Régie n'a plus de droit à réclamer. L'Administration est même allée plus loin; dans le but d'éviter des frais, elle se borne à accepter la simple reconnaissance de la contravention, avec demande en remise des amendes. La pétition déposée à cet effet n'équivaut pas à un engagement de payer, et elle ne se substitue pas au procès verbal approuvé; c'est un sursis accordé au redevable, jusqu'à ce que la juridiction gracieuse se soit prononcée. Quand la décision intervenue a été communiquée au contrevenant, celui-ci doit acquitter immédiatement les droits de timbre, et la somme maintenue sur les amendes. S'il refuse, le procès verbal est alors dressé. Il faut en effet remarquer qu'aucun délai n'est imposé aux agents verbalisateurs pour constater régulièrement les contraventions qu'ils ont découvertes.

Au procès verbal doivent être jointes les pièces non timbrées; la loi est formelle à cet égard, et sous aucun prétexte les agents ne peuvent se dispenser de s'y conformer.

Les procès verbaux ne sont pas sujets à affirmation; la loi n'a pas imposé cette formalité, et ce serait ajouter à ses prescriptions que d'exiger qu'elle soit accomplie. Une semblable dispense existe même pour les agents dont les procès verbaux sont ordinairement assujettis à l'affirmation, tels que les agents des Contributions indirectes, des Douanes et des Octrois. C'est en effet à raison de la nature de la contravention que le procès verbal fait foi par lui-même, et non à raison de la qualité des personnes qui l'ont rédigé.

Quant à la signification, nous pensons, contrairement à ce qui a été décidé par l'Administration, qu'elle doit toujours avoir lieu. Pour admettre une autre théorie, l'Administration se base sur le dernier alinéa de l'article 23, portant que « les instances seront instruites et jugées selon les formes prescrites par l'art. 76 de la loi du 28 avril 1816 ». Or l'article 76 dispose « que le recouvrement des droits de timbre et des amendes de contravention y relatives, sera poursuivi par voie de contrainte, et en cas d'opposition, les instances seront instruites et jugées selon les formes prescrites par les lois des 22 Frimaire An VII et 27 Ventôse An IX, sur l'Enregistrement ».

Mais en stipulant que le recouvrement sera suivi par voie de contrainte, et selon les formes tracées pour l'Enregistrement, le législateur n'avait nullement l'intention de supprimer la signification, qu'il prescrit quelques lignes avant par le seul effet de la référence à l'article 32 de la loi du 13 Brumaire An VII. On ne peut raisonnablement supposer qu'à quelques lignes d'intervalle, il se soit ainsi contredit. Logiquement, si la signification est supprimée, il faut décider également que la rédaction du procès verbal devient inutile, puisque l'article 76 parle de contrainte, et de procédure spéciale à l'Enregistrement, et que cette procédure ne comporte pas la rédaction d'un procès verbal.

En fait, le législateur de 1871, qui avait sous les yeux les textes des lois de Brumaire et de 1816, a voulu qu'un procès verbal fût dressé et signifié, et que, à la suite de cette signification, une contrainte fût décernée et signifiée à son tour, pour parvenir au recouvrement du droit.

La base d'exigibilité est le procès verbal.

La base de la procédure c'est la contrainte.

Il est utile, en fait, que le procès verbal soit connu des parties, qui ont intérêt à se rendre compte des termes dans lesquels sont rapportées les constatations qui ont été faites, afin de les critiquer s'il y a lieu.

L'instance introduite par la contrainte est suivie, comme en matière d'Enregistrement, c'est-à-dire au moyen de mémoires respectivement signifiés, sans ministère d'avoués ou d'avocats. Le jugement est rendu par le Tribunal, en audience publique, après qu'un juge rapporteur et le ministère public ont donné lecture de leurs rapport et conclusions. Le jugement rendu est toujours définitif et ne peut que faire l'objet d'un pourvoi devant la Cour de Cassation.

Lorsqu'il s'agit de timbres ayant déjà servi, une double instance s'engage à la suite d'un double procès verbal : l'un dressé dans le but de poursuivre le recouvrement du droit et de l'amende, procède à la requête de l'Administration de l'Enregistrement, seule autorisée à suivre l'Instance devant le Tribunal; l'autre, à la requête du ministère public, à qui il est envoyé, afin que celui-ci apprécie si la contravention a été commise sciemment, et si les peines correctionnelles prévues peuvent bien être demandées au Tribunal.

## § 3. — *Prescription.*

Il n'a été édicté aucune prescription spéciale pour la réclamation des droits de timbre à 10 centimes. C'est donc la prescription de droit commun, c'est-à-dire la prescription de 30 ans qui est applicable.

Les amendes, au contraire, sont soumises à la prescription biennale, édictée par l'article 14 de la loi du 16 juin 1824, en vertu duquel « la prescription de deux ans établie par le n° 1er de l'art. 61 de la loi du 22 Frimaire An VII s'appliquera, tant aux amendes de contravention aux dispositions de ladite loi, qu'aux amendes pour contravention aux lois sur le timbre et sur les ventes de meubles. »

Toutefois, et d'après le texte même de cette loi, la prescription de deux ans ne commence à courir que du jour où les préposés ont été mis à même de constater les contraventions, au vu de chaque acte soumis à l'Enregistrement.

Cette production d'acte à l'agent de contrôle doit résulter d'un fait que les parties peuvent opposer à l'Administration. La prescription biennale n'est donc pas acceptable d'office, pour les amendes : il faut encore que, depuis la rédaction de la pièce incriminée, la quittance non timbrée ait été régulièrement représentée au Receveur, et que la réclamation de l'amende se soit produite, ou aît pu se produire. On ne saurait d'ailleurs considérer comme faisant courir la prescription, la vérification opérée par un agent de l'Administration au siège social où se trouve la quittance; rien ne prouve en effet que cette quittance ait été mise sous ses yeux.

## § 4. — *Attribution des Amendes.*

Après avoir énuméré les agents autorisés à constater les

contraventions en matière de timbre de 10 centimes, l'article 13 de la loi du 23 août 1871 ajoute : « Il leur est attribué un quart des amendes recouvrées ». Parmi ces agents figurent ceux de l'Administration de l'Enregistrement, car c'est l'un des cas très rares où il leur soit attribué une part dans les produits dont ils assurent le recouvrement; c'est un encouragement à la répression de la fraude que la loi a voulu donner ainsi à tous ceux qui sont chargés du contrôle; il est sans inconvénient en cette matière, car il s'agit le plus souvent d'une question de fait, et la réalité de la contravention est presque toujours contrôlée par la Direction départementale de l'Enregistrement, puisqu'il n'existe guère de cas où cette amende soit payée sans qu'une demande en remise ait été adressée à la juridiction gracieuse.

L'attribution ne porte que sur le principal de l'amende, c'est-à-dire sur le chiffre fixé par la loi, les décimes dus en vertu de lois spéciales restant en dehors des dispositions de la loi du 23 août 1871; elle n'est payée d'ailleurs que sur la somme réellement recouvrée, c'est-à-dire sur celle qui est maintenue par la décision intervenue à la suite de la pétition en remise. Si l'amende a été payée intégralement dans des cas exceptionnels, notamment pour éviter la rédaction d'un procès verbal, l'agent verbalisateur a droit au quart de la totalité du principal, et l'Administration n'exige pas qu'il y ait reversement, si le contrevenant demande, après paiement, la restitution à titre gracieux de cette amende; dans ce cas, elle maintient toujours sur la pénalité une somme au moins égale à celle qui a été payée à titre d'attribution.

L'Administration suit la même règle lorsque l'amende a été indûment perçue. Mais, dans ce cas, le procédé nous semble regrettable, puisqu'il aboutit à mettre à la charge du Trésor une gratification payée à l'occasion d'une erreur.

L'attribution est due en principe à l'agent qui a dressé le procès verbal. Cependant, les agents des Postes, appelés, comme nous l'avons dit, à constater les contraventions, n'étant pas autorisés à rédiger de procès verbal, et devant, dans ce but, recourir au Receveur, l'Administration a décidé qu'il leur serait payé les 7/10 des amendes recouvrées, le surplus revenant au rédacteur du procès verbal.

Il va sans dire que l'attribution est de droit, quand une amende est recouvrée, en tout ou en partie, lors même qu'il n'aurait pas été dressé de procès verbal, ce qui est le cas de beaucoup le plus fréquent.

DEUXIÈME PARTIE

---

# TIMBRE DES REÇUS

---

## CHAPITRE Ier

### Définition. — Distinctions

Nous avons développé précédemment, les motifs pour lesquels la jurisprudence décide que le timbre des quittances n'est applicable qu'aux écrits libératoires.

Il en est de même nécessairement du timbre des décharges.

La quitance suppose un débiteur de sommes; la décharge le débiteur d'une autre obligation.

Mais en est-il de même du simple reçu? Reçu de sommes ou reçu d'objets?

La question semble résolue par les considérations qui précèdent, puisque le reçu d'une somme, s'il n'est pas libératoire, s'il ne correspond pas à une dette préexistante, devient le reçu pur et simple, et échappe, d'après ce que nous avons dit, à la perception du droit de 10 centimes.

Cette doctrine, si elle était strictement appliquée, aurait des conséquences qu'il nous paraît utile d'indiquer. Mais il faut remarquer auparavant qu'elle n'est pas admise sans conteste, et nous devons examiner rapidement les discussions qu'elle a soulevées.

La question qui s'est posée, et qui forme le fond même de tout le débat, est celle de savoir ce qu'il faut entendre par *reçu* : c'est donc la définition de ce mot qu'il s'agit de rechercher en premier lieu, étant entendu qu'il a le même sens en matière de reçus de sommes qu'en matière de reçus d'objets.

La loi vise « les quittances pures et simples, reçus et décharges de sommes, titres, valeurs ou objets ».

Que signifie ce mot reçu, intercalé entre deux expressions correspondant à des titres libératoires? Est-il une redondance inutile, ou bien s'applique-t-il à une nature spéciale d'écrits?

Nous avons rapporté l'arrêt de la Cour de Cassation du 4 juin 1880 (1), où on lit : « Attendu que, d'une part, le droit de timbre, désormais fixé à 10 centimes, pour chaque quittance, constitue, suivant les termes mêmes du rapporteur de la loi, une taxe sur l'écrit libératoire. »

Mais ce motif, en quelque sorte incident, n'avait pas convaincu l'Administration, et elle a de nouveau soumis la question à la Cour de Cassation, à propos des reçus d'objets. Le débat qui s'est élevé a mis en lumière les arguments de toute nature qui peuvent être invoqués dans un sens et dans l'autre. Il convient de les résumer, pour qu'il ne reste aucun doute sur la portée de la décision rendue le 7 mars 1887. (2)

Un négociant en plâtre, chaux et ciment avait fait à un entrepreneur de maçonnerie une fourniture de 115 sacs, que celui-ci avait commandés; un charretier au service du négociant fit la livraison, constatée selon l'usage sur un carnet à souche tenu par l'expéditeur; deux fiches furent détachées du carnet : l'une, constatant la livraison, destinée à rester entre les mains de l'entrepreneur de maçonnerie destinataire: et l'autre, après avoir été signée par le destinataire pour constater la réception de la marchandise, devant rester entre les mains du fournisseur. C'est ce dernier écrit, prouvant la livraison et la réception, qui a donné lieu au procès.

Aux termes des articles 1er et 12 de la loi du 13 Brumaire An VII, disait l'Administration, l'impôt du timbre est appli-

(1) Vº ci-dessus, page 38.

(2) D. P. 87. 1. 337.

cable à tous actes et écrits devant ou pouvant faire titre, ou de nature à être produits pour obligation, décharge, justification, demande ou défense; or, les écrits dont il s'agit rentrent incontestablement dans cette catégorie; ils font preuve d'un fait qui crée des rapports juridiques entre les parties, soit qu'on envisage l'obligation de livrer prise par le vendeur et dont celui-ci se trouve libéré, soit qu'on considère exclusivement le fait de la livraison, qui a pour effet de constituer le destinataire comptable des matières fournies ou débiteur de leur prix : ils sont donc sujets au timbre.

On ne saurait d'ailleurs les assimiler à des écritures d'ordre intérieur; cette interprétation pourrait être fondée si ces documents ne servaient qu'à déterminer les rapports de l'expéditeur de la marchandise avec son préposé, c'est-à-dire le voiturier. Mais le simple fait de la signature du destinataire, accusant réception de la marchandise, leur donne nécessairement une toute autre valeur. Cette reconnaissance forme titre entre deux personnes liées par un contrat, et qui ont ainsi des droits et des intérêts opposés. Elle fournit à l'une d'elles la preuve de l'exécution de ses engagements, et par conséquent est de nature à lui servir de titre pour poursuivre contre l'autre partie l'accomplissement des obligations corrélatives dont elle est tenue.

Le droit de timbre étant en conséquence exigible, il reste à démontrer que ces écrits sont compris parmi ceux pour lesquels la loi du 23 août 1871 a réduit le droit de timbre à 10 centimes.

En se fondant sur l'esprit comme sur le texte de la loi du 23 août 1871, il est permis d'affirmer que le bénéfice du droit spécial de 10 centimes est acquis à tous les reçus d'objets, quels qu'ils soient, dès lors qu'ils sont purs et simples, et qu'ils n'expriment pas d'autres engagements, d'autres liens juridiques que ceux résultant du fait de la livraison qu'ils constatent.

D'une part, en effet, ces reçus purs et simples rentrent

incontestablement dans la catégorie des écrits qui s'échangent journellement entre particuliers, et dont la multiplicité justifie précisément la réduction de tarif dont ils ont été l'objet. Par eux-mêmes, ils n'expriment rien autre chose que le fait de la tradition de la somme ou de l'objet en vue desquels ils sont dressés; c'est même là, aux termes de la loi, la condition de leur assujettissement au tarif de 10 centimes; car s'ils contenaient d'autres engagements, s'ils précisaient les rapports juridiques des parties, s'ils venaient à revêtir le caractère d'un contrat quelconque, autre que le simple reçu de sommes ou d'objets, ils se trouveraient par là même, exclus du bénéfice de la loi de 1871, et seraient passibles, soit du timbre de dimension, soit du timbre proportionnel.

D'autre part, la loi de 1871 ayant tarifé les reçus en général, ce serait méconnaître son texte que de prétendre en restreindre l'application aux reçus libératoires. Cette distinction ne se comprend pas, en effet, pour les reçus purs et simples, les seuls que la loi ait visés, et qui, par cela même qu'ils sont purs et simples, et n'expriment qu'un fait matériel de tradition, ne sont par eux-mêmes ni libératoires ni obligatoires. L'Administration ne pourrait déterminer leur caractère qu'en recherchant en dehors de l'acte les conséquences juridiques que les parties pourront en tirer; *ce qui serait manifestement contraire aux principes de l'impôt du timbre, qui repose exclusivement sur les constatations de l'acte ou de l'écrit.*

Quant au caractère libératoire de l'écrit, il existe en l'espèce. Il est évident, en effet, que le reçu de l'entrepreneur fournit la preuve que les marchandises auxquelles il se rapporte ont été commandées par lui au négociant en plâtre; s'il en était autrement, il les aurait refusées; un contrat de vente s'est donc formé entre les parties, et le reçu de l'acquéreur fournit au vendeur la preuve que celui-ci a exécuté l'obligation de livrer qui lui incombait, et lui permettra d'exiger de cet acheteur le paiement du prix, expressément ou verbalement convenu entre eux. Cet écrit est donc tout à la fois, dans le fond, libératoire et obligatoire. Dans la forme, c'est le caractère libératoire qui seul est mis en évidence par le contexte de l'acte, puisque ce dernier se borne à exprimer le fait de la livraison.

Le caractère libératoire ferait-il d'ailleurs défaut que le droit de timbre de 10 centimes serait encore exigible.

Quelle que soit la place qu'occupe le mot *reçu* dans l'énumération faite par le législateur, ce terme a sa signification propre, qu'il n'est pas possible de méconnaître. Il s'entend, d'une manière générale, de tout écrit qui constate le fait d'une tradition, à quelque titre qu'elle soit effectuée. Vouloir en restreindre la portée aux seuls reçus libératoires, c'est apporter dans l'interprétation de la loi une distinction que son texte ne comporte pas. Il n'y a pas de motif de supposer que cette expression de *reçu*, que le législateur emploie concurremment avec celle de quittance, de décharge, et d'écrit libératoire, soit une pure redondance. Tout porte à penser, au contraire, que, dans l'esprit du législateur, chaque expression correspond à une idée différente, et que, de même que la décharge ne doit pas être confondue avec la quittance dont elle se sépare par des conséquences juridiques très importantes, de même le reçu se distingue de la quittance, de la décharge et de l'écrit emportant libération, puisque, par lui-même, il a une signification plus large, et que la loi a pris soin de le distinguer, dans chacune de ses dispositions, des écrits emportant libération.

L'argument tiré de la qualification de *créancier* et de *débiteur* que l'art. 23 donne aux parties dont il détermine les obligations pour le paiement de l'impôt ne saurait non plus être invoqué contre la théorie de l'Administration. La loi a pris les termes de créancier et de débiteur dans leur signification la plus large. « Le mot créancier s'entend ici de toute personne envers laquelle on est tenu à donner ou à faire quelque chose. » Or, quiconque reçoit un objet ou une somme est présumé recevoir ce qui lui est dû en vertu d'une obligation préexistante ou d'une obligation qui prend naissance au moment même de son exécution. Autrement, le paiement, la livraison seraient nuls comme étant faits sans cause, et donneraient lieu à répétition. (Code Civil, art. 1131, 1132, 1376.) L'acheteur qui reçoit des marchandises que lui expédie son vendeur, les reçoit comme créancier de ce dernier, en vertu de la vente que celui-ci lui a consentie par le fait même de leur expédition. Le terme de créancier convient donc à quiconque délivre un reçu, et celui de débiteur à la personne au profit de laquelle le reçu est délivré, qu'il s'agisse d'une quittance, d'une décharge, d'un écrit libératoire ou de tout autre reçu, et c'est avec raison que la loi de 1871 a employé ces expressions dans leur acception la plus générale.

Cette argumentation a été combattue devant la Cour par M. le Conseiller Voisin.

La loi, a-t-il dit, soumet au timbre de 10 centimes tout écrit portant quittance, reçu ou décharge; or, ces trois mots représentent la même idée dans la pensée du législateur. Comment supposer que les mots : *quittance* et *décharge*, entre lesquels le mot *reçu* est intercalé, fassent naître l'idée d'un écrit libératoire, sans que le mot reçu réponde nécessairement à la même idée? Cela ne semble pas possible. Le législateur a voulu étendre aussi loin que possible l'application de la loi nouvelle, et il a cru prudent d'employer des expressions différentes de nature à répondre à des situations de fait diverses; il a introduit le mot *reçu* entre les mots *quittance* et *décharge*, comme ayant, dans le langage usuel, le même sens; sans que, dans sa pensée, il lui ait attribué juridiquement une autre signification. On comprendrait la thèse de l'Administration si le mot reçu avait été placé dans un paragraphe spécial ; mais, avec sa place actuelle, il a le même sens que celui qui le précède et celui qui le suit.

Cette impression est confirmée par le texte de l'art. 23 : « le droit de timbre est à la charge du *débiteur*; néanmoins, le *créancier* qui a donné quittance, reçu ou décharge... » Il n'y a pas de distinction : là ou la loi a prévu une quittance, un reçu, une décharge, il y a un créancier qui reçoit, délivre reçu, et un débiteur qui, par le reçu même, est libéré; on ne comprendrait pas devant des termes aussi absolus la distinction que l'Administration tente de faire.

Les travaux préparatoires de la loi en confirment le texte. La loi est intitulée « Droit de Timbre sur les Quittances ». Puis, dans les rapports et dans la discussion, il n'est jamais question que de quittances, ce qui fait naître exclusivement la pensée d'un écrit libératoire. Si, à côté du mot quittance on trouve les autres expressions reçu et décharge, il convient de n'interpréter ces mots que conformément à l'esprit dans lequel la loi elle-même a été préparée et votée. Lorsque le mot reçu a été introduit dans le rapport de M. Mathieu-Bodet, il l'a été de telle façon qu'il est impossible de se méprendre sur le sens qui lui était donné : « L'art. 18, dit le rapporteur, abaisse à 10 centimes le droit de timbre auquel sont imposées les quittances. Ce droit fixe de 10 centimes sera perçu sur toutes les quittances ou acquits donnés au pied des factures; sur les reçus et décharges de sommes, titres, valeurs et objets. La loi ajoute : et généralement tous les titres, de quelque nature qu'ils soient, signés ou non signés, qui emporteraient libération, reçu ou décharge, pour empêcher que l'on ne parvienne à éluder les dispositions fiscales au moyen de conventions ou déclarations faites à l'avance, ou de tous autres reçus conventionnels qui remplaceraient les quittances, bien que la signature du créancier ne fût pas apposée sur le titre. » Et plus loin : « Les termes généraux de l'art. 18 comprennent dans leur définition les billets de chemins de fer, car ces billets emportent libération et décharge. » Partout et toujours, dans le rapport, on retrouve la même pensée : un créancier qui donne un reçu à son débiteur, et qui, par là-même le libère.»

L'arrêt du 7 mars 1887 a adopté ces conclusions; il est ainsi conçu :

« Attendu en fait que Desplanques, entrepreneur de maçonnerie, a commandé à Letellier, marchand de plâtres, une fourniture de 115 sacs de plâtre; que les 115 sacs ont été livrés le 16 octobre 1882; que leur remise à Desplanques a été constatée par un reçu donné au charretier de Letellier, et libellé de la manière suivante : « Reçu 115 sacs de plâtre, « Paris, le 16 octobre 1882. Pour M. Desplanques, signé : « H. Sudre »;

« Attendu que ledit reçu, saisi par la gendarmerie, n'était pas timbré, et que la Direction générale de l'Enregistrement soutient qu'il était assujetti au timbre de 10 centimes établi par l'art. 18 de la loi du 23 août 1871, ainsi conçu : « A partir du 1er décembre 1871, sont soumis à un « droit de timbre de 10 centimes les quittances ou acquits « donnés au pied des factures ou mémoires, les quittances « pures et simples, reçus ou décharges de sommes, titres, « valeurs, ou objets, et généralement tous les titres, de « quelque nature qu'ils soient, signés ou non signés, qui « emporteraient libération, reçu ou décharge »;

« Mais attendu, en droit, que le droit de timbre, désormais fixé à 10 centimes par quittance, constitue, selon les termes mêmes du rapporteur de la loi, une taxe sur l'écrit libératoire; que le mot reçu, intercalé entre les mots quittance et décharge, ne peut pas avoir une portée plus étendue qu'eux, et s'entendre d'un écrit non libératoire; que la signification de ces mots « reçus d'objets » est précisée par les dernières expressions de l'article 18 précité, et qu'on y voit l'intention manifeste du législateur de ne frapper de l'impôt que le titre qui pourrait faire preuve, entre les mains du débiteur, de sa libération; que cette interprétation, commandée par le texte de la loi, l'est aussi par l'esprit dans lequel elle a été édictée; que d'une part, en effet, l'art. 18 de la loi du 23 août 1871 met « le droit de timbre à la charge « du débiteur »; qu'il ajoute, sans faire aucune distinction entre les quittances et les décharges, que « néanmoins le « créancier qui a donné quittance, reçu ou décharge, en « contravention aux dispositions de l'art. 18, est tenu per- « sonnellement et sans recours du montant des droits et « amendes »; que, d'autre part, il résulte des termes formels et très généraux dans lequel s'est exprimé le rapporteur de la loi, que « le droit de 10 centimes est dû par chaque quit- « tance, reçu ou décharge, et qu'il constitue une taxe pré- « levée sur l'écrit libératoire »;

« Attendu que le reçu litigieux n'a point le caractère d'un écrit libératoire; que Letellier livrant à Desplanques les 115 sacs commandés ne se libérait pas d'une obligation de livrer qu'il n'avait pas prise ; qu'il devenait, au contraire, par suite de la livraison, créancier vis-à-vis de Desplanques du prix des 115 sacs de plâtre; d'où il suit que Desplanques, devenu débiteur dudit prix, n'a pu donner à Letellier un reçu libératoire, et qu'en décidant que le reçu litigieux échappait ainsi à l'application de la loi de 1871, le jugement attaqué n'a ni violé, ni faussement interprété les articles visés au pourvoi..... »

Forcée de s'incliner devant une décision aussi formelle, et qui semble bien, en définitive, faire une application exacte de la volonté du législateur, l'Administration a essayé d'en limiter la portée dans une note communiquée au journal *Le Droit*. Cette note est conçue dans les termes suivants :

« Un arrêt de la Chambre des Requêtes du 7 mars 1887 (*Droit* du 15 juin 1887) a décidé que le droit de timbre à 10 centimes établi par l'article 18 de la loi du 23 août 1871 sur les reçus d'objets, ne s'applique qu'aux reçus ayant un caractère libératoire, et n'atteint pas notamment l'écrit rédigé sous forme de fiche qu'un particulier, auquel des marchandises sont livrées sur sa commande, remet au voiturier ou fournisseur pour constater cette livraison.

« Cet arrêt a été l'objet, dans plusieurs journaux, d'interprétations inexactes qu'il importe de ne pas laisser s'accréditer. On a prétendu notamment que les reçus d'objets doivent désormais être affranchis de tout droit de timbre, lorsqu'ils ne contiennent aucune mention de libération de prix.

« L'arrêt du 7 mars 1887 n'a nullement cette portée.

« Tout d'abord, la Cour a statué dans une espèce particulière, où il s'agissait d'un reçu de marchandises, qui pouvait être considéré plutôt comme ayant le caractère d'une pièce d'ordre intérieur et de comptabilité échangée entre commerçants, que comme un écrit destiné à faire titre entre les parties. Dès lors, et malgré les termes généraux de l'arrêt, on ne saurait prétendre que cette décision s'applique *de plano* à toute pièce ayant le caractère d'un véritable reçu, destinée à faire preuve entre les parties, de la livraison de l'objet en vue duquel il a été rédigé. Elle ne semble donc pas de nature à infirmer la jurisprudence qui a toujours prévalu depuis la promulgation de la loi du 23 août 1871, et d'après laquelle notamment les reçus d'objets à expédier délivrés aux expéditeurs par les entrepreneurs de transport, sont passibles de la taxe de 10 centimes. (Jugement du Tribunal civil de la Seine du 25 mars 1881; Jugements de Rouen des 13 mars 1873 et 13 avril 1881.)

« En fût-il autrement, la règle admise par la Cour serait dans tous les cas inapplicable aux reçus d'objets qui ont un caractère libératoire, c'est-à-dire qui impliquent l'accomplissement d'une obligation quelconque de la part de la personne à laquelle le reçu est délivré. C'est uniquement, en effet, parce que le caractère de reçu libératoire avait paru manquer à l'écrit en litige, et parce qu'il n'existait pas, aux yeux de la Cour, d'obligation de livrer préexistante, dont le reçu constatât l'expédition, que l'arrêt a refusé d'appliquer à cet écrit l'art. 18 de la loi du 23 août 1871.

« Enfin, quelle que soit la portée de la décision du 7 mars 1887, l'interprétation qu'elle consacre n'entraîne nullement l'exemption de tous droits de timbre au profit des reçus d'objets qui, n'ayant pas le caractère libératoire au sens que la Cour attache à cette expression, ne seraient pas atteints par les dispositions de l'art. 18 de la loi du 23 août 1871. Cet article, en effet, a dérogé à la législation générale sur le timbre, en réduisant, d'une part, à 10 centimes le droit de timbre des quittances et des reçus, et en édictant, d'autre part, un ensemble de mesures spéciales destinées à assurer le paiement de cet impôt. Par conséquent, si les reçus d'objets n'ayant pas un caractère libératoire cessent de profiter du tarif réduit de la loi de 1871, ils demeurent soumis aux dispositions générales de la loi du 13 Brumaire An VII, qui assujettit au timbre de dimension (60 centimes au minimum) ou au timbre proportionnel (5 centimes par cent francs), « tous actes ou écrits devant ou pouvant faire titre, ou être produits pour obligation, décharge, justification, demande ou défense ». Ainsi, à moins qu'il ne s'agisse d'un reçu ayant plutôt le caractère d'une pièce d'ordre intérieur que d'un titre, les contribuables ne peuvent, dans l'état de la législation en vigueur, éviter le paiement de la taxe de 10 centimes, qu'en se soumettant au paiement, beaucoup plus onéreux, des droits de timbre ordinaires. »

---

# CHAPITRE II

## APPLICATIONS

### *SECTION I^re^*

#### RÈGLE

L'Administration cherche vainement à restreindre la portée de la doctrine résultant des arrêts de 1880 et de 1887. Aucune subtilité ne modifiera la conclusion qui en découle, et qui est celle-ci : les reçus purs et simples ne sont pas soumis au droit. Pour dégager les conséquences de cette conclusion, il faut faire une distinction entre les reçus de sommes et les reçus d'objets.

En ce qui concerne les reçus de sommes, si l'on applique la doctrine administrative, décidant que l'impôt n'est dû que d'après le contexte de l'écrit, sans qu'il soit permis à l'Administration de rechercher dans des documents extérieurs la nature réelle de la convention, l'impôt de 10 centimes ne pourrait être exigé sur les reçus où il n'est pas indiqué que les sommes ont été versées en paiement d'une dette, et qui, par là même ne revêtiraient pas le caractère libératoire que la jurisprudence estime indispensable pour justifier la perception. C'est-à-dire qu'un écrit ainsi conçu :

« Reçu de Mr....... la somme de........ » ne saurait être assujetti au droit de 10 centimes.

Mais, si le reçu n'est pas *libératoire*, il peut être *obligatoire;* il serait alors rangé dans la classe des écrits donnant ouverture au droit proportionnel, en vertu des articles 2 et 10 de la loi du 13 Brumaire An VII, et spécialement de l'art. 6 de la loi du 6 Prairial An VII, portant que « les billets et obligations non négociables, et les mandats à terme ou de place à place, ne pourront être faits que sur du timbre proportionnel, comme il en est usé pour les billets à ordre, lettres de change, et autres effets négociables, et sous la même peine ».

Il serait difficile à notre avis d'échapper à cette conséquence; l'écrit constatant un mouvement de numéraire a nécessairement pour effet, soit de libérer celui qui paye, soit d'obliger celui qui reçoit; dans un cas comme dans l'autre, lorsque l'écrit n'a pas été rédigé sur timbre, le droit étant à la charge de celui qui l'a signé, l'Administration pourra toujours réclamer l'un des deux droits de timbre et l'autre à titre subsidiaire. D'autre part, l'intérêt du créancier ne permet pas de libeller le reçu libératoire sur un timbre proportionnel, qui suppose une reconnaissance de dette, sans s'exposer à une réclamation de son débiteur, qui se baserait sur la présomption résultant de l'emploi de ce timbre pour se dire créancier de la somme qu'il a payée.

Nous en concluons qu'en matière de reçus de sommes, l'emploi du timbre de 10 centimes reste nécessaire. Nous allons voir bientôt quelques applications de cette règle.

En ce qui concerne les reçus d'objets, les principes diffèrent. Il ne peut plus être question en effet, dans ce cas, d'exiger un droit de timbre proportionnel, spécial aux reconnaissances de sommes, mais l'Administration peut réclamer, le cas échéant, le droit de timbre de dimension applicable à tout écrit pouvant faire titre, ou être produit pour obligation, demande ou défense. La constatation qu'un objet a été reçu produit-elle cet effet? Nous sommes d'accord avec l'Administration — au moins en ce qui concerne les reçus de marchandises donnés par le destinataire au fournisseur — pour admettre la négative. Ainsi, que le fait remarquer la note dont le texte est rapporté au chapitre précédent, les reçus de cette nature sont plutôt des documents de comptabilité, des pièces d'ordre intérieur échangées entre commerçants. La formule employée, la forme de l'écrit, n'en modifient ni le but ni la valeur; tout commerçant recevant une expédition en accuse réception afin de justifier les inscriptions à faire dans la comptabilité; la lettre rentre dans la catégorie des écritures privées dont parle l'article 30 de la loi du 13 Brumaire An VII, et qui ne sont assujetties au timbre qu'en cas de production en justice. Il est évident, en effet, que la constatation du reçu d'une marchandise n'a ni pour but ni pour effet de permettre à l'expéditeur de revendiquer l'objet envoyé; l'intention manifeste de l'auteur de cet écrit est d'affirmer que l'envoi a été fait, que le transport s'est régulièrement effectué, et que le prix de la marchandise doit être inscrit au débit ou au crédit des deux commerçants qui ont traité l'affaire. Aucun droit de timbre, dans ces conditions, n'est exigible.

Si, au lieu d'une lettre, le commerçant destinataire signe un bulletin, un bon, un reçu, quel que soit le nom dont on l'appelle, que l'expéditur lui présente, on ne saurait y voir autre chose qu'un accusé de réception; la formule est modifiée, parce que la poste n'a pas servi d'intermédiaire, et que, pour la facilité des écritures commerciales, il est préférable de rédiger d'avance un accusé de réception que le voiturier ou le garçon de magasin recevant la marchandise ne sauraient toujours libeller correctement. Toute la différence entre les écrits est donc dans la forme, mais l'écrit ne constitue pas plus un titre dans un cas que dans l'autre. Le droit de timbre de dimension n'est donc pas dû.

## SECTION II

### Applications diverses

#### § 1er. — *Reçus de sommes.*

L'exacte application des principes aurait pour conséquence des modifications profondes dans les usages consacrés par la doctrine administrative.

En matière de reçus de sommes, le droit de timbre à 10 centimes a été reconnu applicable à des écrits qui devraient y échapper.

L'emploi du timbre des quittances, dans cette hypothèse, ne se justifie que par l'alternative dont nous avons parlé, et qui donne au signataire le choix entre le timbre à 10 centimes et le timbre proportionnel.

Dans sa défense devant la Cour de Cassation, défense que nous avons analysée brièvement, l'Administration donnait comme exemple de perception du droit de 10 centimes le reçu délivré par un notaire, et constatant le dépôt d'une somme à placer sur hypothèque au nom de son client. Cette perception se trouve condamnée puisqu'un reçu de cette nature n'a aucun caractère libératoire; mais le notaire constate le dépôt fait entre ses mains; il devient dépositaire d'une somme qu'il restituera; l'écrit, exceptionnellement, n'est ni libératoire ni obligatoire; il constitue un contrat de dépôt; il peut faire titre de ce dépôt, et par suite il est, au moment de sa rédaction, assujetti au timbre de dimension. Il y a donc intérêt, pour les parties, à ne payer, contre toute vérité juridique, que le droit de timbre de 10 centimes.

Nous allons voir d'autres exemples de perception aussi peu juridiques.

Les billets de place et les cartes d'abonnement dont nous avons parlé sont taxés comme reçus de sommes. La partie versante n'était pourtant redevable d'aucune somme ; le billet ou la carte remise constitue bien plutôt le titre d'un contrat de transport. Nous avons vu cependant que le rapporteur de la loi les a nommément désignés comme assujettis au droit de timbre de 10 centimes. N'y a-t-il pas, dans ce dernier fait, une contradiction absolue entre sa volonté de ne taxer que les écrits libératoires, et l'effet qu'il prévoit dans l'application de la loi ?

La même observation s'applique aux quittances d'abonnements aux journaux et à tous autres abonnements. Aucune dette préalable n'existe et l'écrit fait titre pour le service de l'abonnement.

L'Administration décide que les reçus de sommes pour souscription à des titres d'actions ou d'obligations, sont aussi assujettis au droit de 10 centimes. La dette n'existe pas encore au moment de la souscription; elle n'existera que lors des versements ultérieurs.

Même observation pour les reçus de sommes déposées chez des banquiers, établissements de crédit ou particuliers. Il n'y a pas titre libératoire, mais certificat de dépôt.

### § 2. — *Reçus d'objets.*

Dans cette même défense devant la Cour de Cassation, l'Administration accumulait les exemples de perception en matière de reçus d'objets. Toute cette doctrine se trouve condamnée depuis l'arrêt de 1887; elle n'en continue pas moins à être appliquée, sauf au cas spécial résolu par la Cour. L'Administration a voulu considérer cette décision comme une affaire d'espèce; nous comprenons cette manière de voir qui assure au Trésor des perceptions considérables; mais nous pensons qu'au lieu de violer constamment la loi telle que la jurisprudence l'interprète, il serait préférable d'en demander au législateur une revision, qui ferait disparaître en même temps les contradictions que nous avons signalées.

Le droit de timbre à 10 centimes a été reconnu exigible, disait l'Administration, sur :

1° Les récépissés provisoires délivrés par la Société Générale pour le service des dépôts de titres ;

2° Les dépôts effectués contre récépissés dans les Trésoreries générales, de titres de rentes sur l'Etat destinés à être vendus ;

3° Les reçus de titres au porteur de la Ville de Paris, déposés à la Caisse Municipale, pour être convertis en titres nominatifs ;

4° Les bulletins de livraison remis par les préposés des Magasins militaires aux fournisseurs de l'armée;

5° Les bulletins de dépôts de colis délivrés par un maître d'hôtel garni aux voyageurs qu'il loge;

6° Les certificats de réception que l'Imprimerie nationale délivre à ceux qui lui fournissent du papier et autres marchandises ;

7° Les livraisons de marchandises reconnues par l'acheteur sur les livrets du vendeur ;

8° Les bons délivrés à un vendeur par son acheteur, pour constater les livraisons effectuées;

9° Les bulletins de livraison délivrés par le service des travaux de la Ville de Paris aux entrepreneurs de fournitures;

10° Les reçus de graines et de pulpes de betteraves donnés à une sucrerie par les cultivateurs, et les reçus de betteraves délivrés aux cultivateurs par les sucreries ;

11° Les reçus d'objets destinés à être transportés, qui

sont donnés par les entrepreneurs de messageries, sur les carnets des expéditeurs ;

12° Les bulletins d'entrée délivrés aux déposants par les Magasins généraux.

Parmi ces cas, il en est pour lesquels l'Administration n'insiste plus actuellement. Quand une marchandise est remise par le vendeur, directement et personnellement à l'acheteur, c'est-à-dire quand la livraison s'effectue sans intermédiaire, ce qui est le cas de l'arrêt de 1887, elle admet qu'il n'y a pas lieu à l'application du timbre sur le reçu délivré par le destinataire.

Mais l'Administration continue à réclamer le timbre sur les reçus d'objets destinés à être transportés, et sur les bulletins d'entrée dans les Magasins généraux. Il est de toute évidence que ce droit n'est pas dû; mais le bulletin remis constate, dans un cas comme dans l'autre, un dépôt, et, à ce titre, il serait assujetti au droit de timbre de dimension; nous comprenons que les contribuables ne s'élèvent pas contre une perception qui, tout arbitraire qu'elle soit, tient la place d'un droit beaucoup plus élevé.

Les cas qui précèdent ne sont pas, tant s'en faut, les seuls où l'Administration perçoive un droit de timbre de 10 centimes, qui n'est pas exigible. Mais ils sont suffisants pour fixer les principes dont l'application n'est plus qu'une question d'espèces.

### § 3. — *Reçus de pièces.*

Les mêmes règles s'appliquent nécessairement aux reçus de pièces. Ces reçus peuvent avoir la valeur d'une décharge, et nous en parlerons tout à l'heure; mais souvent aussi ils ne constituent que de simples reçus sans obligation antérieure; le droit de timbre, dans ce cas, n'est pas exigible.

C'est ainsi que nous pensons que le reçu délivré à un notaire, d'une expédition qu'il a dressée, est exempt de tout droit; que le reçu d'une grosse pourrait être assujetti au timbre de dimension comme susceptible de faire titre.

L'Administration décide que l'accusé de réception d'une lettre, par une autre lettre, est exempt de timbre, et qu'il en est de même de l'accusé de réception d'une quittance. Il n'y a, dans ces faits, qu'une correspondance d'ordre, la même dont nous parlions tout à l'heure à propos des accusés de réception de marchandises.

# CHAPITRE III

## PLURALITÉ. — PAIEMENT. — PÉNALITÉS

Les règles que nous avons tracées sur ces différents sujets dans l'étude du timbre des quittances, reçoivent leur application en matière de reçus d'objets ou de sommes.

Nous ne pouvons donc que nous y référer.

TROISIÈME PARTIE

# TIMBRE DES DÉCHARGES

# CHAPITRE Ier

## Règles d'exigibilité

## *SECTION Ire*

### Distinctions. — Formes

La décharge, que prévoit formellement l'art. 18 de la loi du 23 août 1871, est un titre libératoire. Elle délie de son obligation celui qui s'est obligé à gérer une chose, à la conserver pour le compte d'une autre personne; elle produit donc le même effet à l'égard d'un engagement de cette nature, que la quittance à propos d'une dette ordinaire.

Toutefois, la loi du 23 août 1871 n'impose pas sans distinction toutes les décharges. Elle ne vise expressément que les décharges de « sommes, titres, valeurs ou objets ». L'article 18, après cette énumération, ajoute bien « tous les titres, de quelque nature qu'ils soient..... qui emporteraient libération, reçu ou décharge », sans renouveler à la suite l'énumération qui précède; mais l'on ne peut voir là qu'une forme de rédaction n'étendant l'application de la disposition qu'aux titres et à leur forme, et non à l'objet qu'ils ont en vue.

Seules les décharges de sommes, titres, valeurs ou objets sont donc assujetties au timbre de 10 centimes. Les décharges d'autres obligations, telles que les décharges de mandats, restent soumises aux dispositions générales de la loi du 13 Brumaire An VII, et doivent être rédigées sur timbre de dimension. (1)

La décharge, telle que nous venons de la définir, se distingue du reçu en ce que l'objet remis était détenu par un tiers en vertu d'une obligation antérieure, d'une charge qu'il avait assumée, d'une responsabilité à laquelle il avait souscrit. On peut dire que le titre prévu et imposé par la loi du 23 août 1871 n'est qu'une catégorie parmi les actes de décharge; il produit les effets libératoires de la décharge ordinaire, et de plus il a en vue un objet, un titre, une somme, une valeur quelconque.

Cette règle étant posée, la forme sous laquelle la décharge est donnée importe peu. L'Administration, en cette matière, n'applique pas les règles qu'elle a formulées et que nous avons indiquées au sujet des quittances : aux termes de ces règles, l'écrit doit faire preuve par lui-même de la libération; et il n'y a pas lieu de recourir à des renseignements étrangers à cet écrit pour caractériser sa nature; à maintes reprises, l'Administration l'a rappelé à ses agents: l'impôt du timbre est établi, dit-elle, non sur les conventions des parties, mais sur les actes constatant ces conventions, envisagés dans leur forme extérieure, indépendamment de toute circonstance accessoire. (2)

C'est seulement quand le caractère libératoire de l'écrit est manifeste que l'Administration se reconnaît le droit, à défaut d'indication dans cet écrit du montant de la somme quittancée, d'établir par tous les moyens compatibles avec

(1) V° Sol. 4 décembre 1874; D. P. 75. 5. 445.

(2) Instr. 2570 § 4 (page 38 1er alinéa).

l'économie de la législation fiscale, que l'importance de cette somme rend l'écrit passible de l'impôt. (1)

Or, en matière de décharges, l'Administration impose tout écrit, quelles que soient sa forme et ses énonciations, qui, d'après les usages commerciaux, peut être considéré comme libératoire. Ici, le signe conventionnel est présumé : c'est ainsi que le ticket portant un simple numéro, remis à l'expéditeur d'une marchandise, est d'office considéré comme constituant le titre d'un reçu de l'objet à transporter ; et il est assujetti au timbre de 10 centimes, sous prétexte qu'il permet au déposant, en cas de perte ou d'avarie, d'exiger le remboursement de la valeur confiée au transporteur. Nous avons déjà dit que le droit de 10 centimes ne nous paraît pas dû sur ce titre, qui n'est pas libératoire, et nous ne rappelons cet exemple que parce qu'il est caractéristique de la doctrine suivie en matière de signes conventionnels. Nous en verrons plus loin de multiples applications.

(1) Sol. 30 mars 1896; J. E. 24820.

## SECTION II

### DÉCHARGES ENTRE PARTICULIERS

#### § 1. — *Décharges ordinaires.*

Dans les relations commerciales, les décharges sont nombreuses. Les marchandises qui subissent des préparations diverses sont successivement confiées à différents industriels qui leur font subir des manipulations spéciales; ces différentes manipulations sont constatées par des bulletins de remise, et des bulletins de retrait; ces derniers valent décharge, et sont nécessairement soumis au timbre de 10 centimes. On trouve l'application de cette règle dans les diverses industries. Dans celle du livre, par exemple, l'éditeur confie les volumes au brocheur ou au relieur : lorsque ce dernier restitue le dépôt qui lui a été fait, l'écrit qui lui est délivré est soumis au timbre. Il en est de même encore pour la préparation de la laine, qui passe successivement entre les mains d'industriels qui lui font subir des opérations diverses. Le principe d'exigibilité du droit, dans ces différents cas, ne peut souffrir de difficultés, puisqu'il s'agit bien d'une décharge d'objets confiés, décharge extinctive des obligations tacites et usuelles, résultant du dépôt. La difficulté est surtout de reconnaître la valeur et les effets de l'écrit établi pour constater ce titre.

Elle se produit également dans les opérations des négociants avec les Magasins généraux ou avec les bureaux de conditionnement établis dans certaines villes industrielles pour la constatation officielle de la laine vendue; elle se rencontre encore pour d'autres industries. Ces établissements sont des dépositaires temporaires; ils ont la charge et la responsabilité des marchandises qui leur sont confiées et ne les restituent que contre un titre régulier. Nous allons examiner la forme des différents écrits rédigés dans ce but, à titre d'exemples.

L'un des cas les plus fréquents est celui où le négociant déposant ne retire pas lui-même la marchandise; il se borne à autoriser le dépositaire à la remettre à un tiers désigné : l'écrit portant cette autorisation, *quelle que soit sa forme, est soumis, d'après l'Administration, au timbre* de 10 centimes; il a en effet pour objet, dit-on, de libérer le dépositaire au regard du déposant, des obligations résultant de la consignation, et il reste dans les prévisions de la loi du 23 août 1871. La décharge ainsi donnée ne doit pas être confondue avec celle que donnera, au dépositaire, le tiers chargé de l'enlèvement : la première le libère vis-à-vis du déposant; la seconde le libère vis-à-vis du bénéficiaire de l'ordre de livraison; chacun de ces écrits produit donc des effets spéciaux.

Si, au contraire, c'est le déposant qui effectue lui-même le retrait de la marchandise, soit au Magasin général, soit au Bureau de conditionnement, soit chez un industriel dépositaire pour un motif quelconque, il ne peut le faire sans un écrit établi par lui et destiné à être retenu par le dépositaire; mais l'opération d'enlèvement devant être réalisée par le déposant lui-même, ou mieux par les hommes et voitures à son service, la décharge que signera l'homme de service chargé de prendre livraison de la marchandise, se confondra avec l'écrit d'autorisation. Dans la pratique, l'écrit, sous forme de lettre adressé par le déposant au dépositaire, se nomme *Bon de livraison*, *Bon d'enlèvement*; il est rédigé comme suit : « Veuillez remettre à mon camionneur..... », ou « Veuillez remettre à mon employé..... », ou « Veuillez nous remettre..... » Tant que la remise n'a pas été faite, le dépositaire n'est déchargé d'aucune de ses obligations : ce n'est donc que la signature de l'enleveur qui constatera sa libération, sa décharge, et qui rendra exigible le droit de timbre. Cependant, ce Bon de livraison peut avoir par lui-même la valeur d'un titre : si l'employé, le camionneur, ne signe aucune décharge, aucune constatation de l'enlèvement, l'ordre signé du déposant est susceptible de produire à lui seul l'effet du titre nécessaire; il suffirait d'une entente entre les parties pour qu'il en fût ainsi, et cette entente résulterait facilement de la multitude des opérations effectuées de cette manière : le Bon serait alors un signe conventionnel de décharge parfaitement caractérisé.

En règle générale, le bon de livraison est au porteur. Le plus souvent, en effet, il est conçu en ces termes : « Veuillez remettre au porteur..... » Il est alors toujours soumis au timbre de 10 centimes, comme constituant la décharge du dépositaire vis-à-vis du déposant, sans que l'Administration ait à rechercher quel est ce porteur, s'il est ou non un employé du déposant.

Ainsi qu'on vient de le voir, Ces bons sont rédigés sous forme de lettres. Or, l'Administration admet (1) que les lettres missives, quel que soit leur objet, ne sont, en principe, passibles du timbre qu'en cas d'usage en justice. Cette règle, toutefois, cesse d'être applicable, et le droit de timbre est immédiatement exigible, lorsque, s'agissant d'une convention quelconque, les termes de la lettre font très nettement ressortir l'intention de fournir au destinataire un titre pouvant faire preuve en justice, et tenir lieu d'un acte régulier. Tel est bien le cas du Bon de livraison ou bon d'enlèvement ou porteur; malgré sa forme de lettre, il circule parfois en différentes mains avant de parvenir entre celles du destinataire indiqué; son caractère de décharge est donc pré-

(1) Instruction générale du 20 décembre 1901, n° 3061.

dominant, dès qu'il se trouve en la possession de ce dernier. Nous n'oublions pas, en effet, qu'il ne peut faire titre avant d'être remis au débiteur. La Cour de Cassation a appliqué à la matière la doctrine que nous avons discutée à propos du timbre des quittances, et dans un arrêt du 2 janvier 1900 (1), tout en consacrant implicitement l'exigibilité du droit de timbre en matière de Bon de sortie, elle a expressément décidé que ce droit n'est pas dû tant que l'écrit est resté entre les mains du créancier.

Il s'agissait, dans l'espèce résolue, de marchandises déposées aux Docks de Rouen. Les récépissés délivrés aux déposants avaient été transmis par endossement, à la Société Générale; cet établissement de crédit avait signé au dos des récépissés, qui étaient restés en sa possession, des bons de sortie partiels. L'Administration ayant réclamé le droit de timbre sur ces bons, la Cour décide : « Attendu que ces « bons de sortie » n'emportaient pas décharge au profit de la Société des Docks, et que les récépissés sur lesquels ils étaient mentionnés, loin d'être remis à ladite compagnie, restaient au contraire en la possession de la Société Générale, jusqu'au retrait total des marchandises; qu'en cet état des faits, les juges du fond ont pu, sans violer aucune loi, décider que lesdites mentions n'avaient pas le caractère libératoire, en vertu duquel ils auraient été soumis au timbre de 10 centimes établi par l'article 18 de la loi du 23 août 1871; qu'il résulte en effet, tant de l'esprit que du texte de cette loi, que l'apposition du timbre ne devient obligatoire qu'à l'instant où la quittance est remise au débiteur comme un titre constatant sa libération ; — Attendu qu'on ne saurait davantage assujettir ces mentions au timbre de dimension fixé par l'article 12 de la loi du 13 Brumaire An VII, qu'elles n'avaient pour objet que d'indiquer la restriction apportée à la valeur du gage, et ne constituaient qu'une

(1) S. 1900. 1. 529; D. P. 1900. 1. 537; Instr. gén. n° 3011, § 6.

simple énonciation modificative de l'endossement, affranchie, comme celui-ci, de tout droit. »

Ainsi donc, le bon, qu'il soit au porteur, ou bien souscrit au profit d'une personne déterminée, ne vaut titre de décharge que lorsqu'il est trouvé entre les mains du destinataire; mais il faudrait encore, à notre avis, distinguer selon qu'il conserve ou non le caractère de lettre missive. Ainsi, l'écrit par lequel le propriétaire d'une marchandise prescrirait à un dépositaire de remettre la marchandise soit à un Bureau de conditionnement, soit à un Magasin général, soit à un tiers, conserverait, en principe, son caractère de lettre missive, sauf, bien entendu, et comme nous l'avons dit, le cas où, par suite d'une entente tacite, cet ordre emporterait décharge. On peut soutenir, en effet, que seul, le reçu (dans le cas où le bon n'est pas au porteur), constatera la libération. Cependant, a-t-on dit, le fait n'est pas tout à fait exact, puisque les deux écrits devront être rapprochés et que le reçu du destinataire ne libère le dépositaire que si celui-ci a valablement fait la remise. D'où la conclusion que la lettre du déposant serait appelée à faire titre, et par suite que, dans la rigueur des principes, elle devrait être soumise au timbre de dimension. Le Tribunal de la Seine s'est prononcé dans ce sens par un jugement du 25 juin 1896 (1) que l'Administration n'applique que par intermittences. N'osant pas, en effet, grever les opérations commerciales d'un impôt aussi lourd, elle accepte que l'écrit soit considéré comme libératoire vis-à-vis du déposant, et ne soit assujetti qu'au timbre de 0 fr. 10. Nous pensons qu'aucun droit n'est dû : il s'agit en réalité d'un ordre, d'une instruction adressée au dépositaire, lui indiquant l'usage qu'il doit faire de la marchandise; le déposant n'a nullement l'intention de créer un titre partiel ou total, et, par application de

(1) R. E. 1251; J. E. 25.109; R. P. 8870.

la loi du 13 Brumaire, il est dès lors exempt du timbre, tant qu'il n'est pas produit en justice.

L'Administration se montre plus rigoureuse. Elle exige le timbre de 10 centimes sur des lettres adressées par le déposant au dépositaire, et portant : « Veuillez livrer à Mr..... », ou « Veuillez tenir à la disposition de Mr..... », ou « Veuillez expédier..... » Mais ces prétentions sont loin de reposer sur une base sérieuse, et n'ont d'ailleurs jamais été soumises aux tribunaux.

Nous ne sortirons donc pas des limites des principes, nous considérerons comme lettres missives exemptes du timbre les écrits de cette nature, qui ne sont en général que des instructions données à un détenteur de marchandises, sauf le cas, bien entendu, où aucune autre décharge n'étant délivrée, il apparaîtrait que ces écrits doivent en tenir lieu; nous considérerons, d'autre part, comme décharges, par eux-mêmes, les bons de livraison, d'enlèvement, de sortie, rédigés sous une forme qui n'est pas celle des lettres, et qui ne sont dressés que pour décharger le dépositaire. Nous donnerons spécialement ce caractère aux bons au porteur, qui ne peuvent être que des lettres missives. Nous répudierons d'ailleurs sans hésitation la doctrine du Tribunal de la Seine, qui prétend assujettir au droit de timbre de dimension des lettres qui ne sont que des ordres, et qui ne sont pas rédigées dans le but de faire titre. Nous croirons rester ainsi dans les limites juridiques et équitables de la loi du 23 août 1871.

Une autre forme de décharge a lieu fréquemment en matière commerciale, sous la dénomination d' « avoir ». Il s'agit habituellement de marchandises rendues, par une raison quelconque. Cet avoir donne lieu à une distinction, selon le motif qui le justifie.

L'une de ses applications les plus ordinaires se produit en matière d'emballages rendus. Le fournisseur livre sa marchandise dans des fûts, bonbonnes, ou autres enveloppes et soutiens. Ces emballages sont facturés ou ne le sont pas. Dans un cas comme dans l'autre, il est convenu que le fournisseur les reprendra, s'il plaît au destinataire de les rendre; dans le cas où ils sont facturés, une facture ultérieure tient compte du prix.

La constatation de la reprise donne ouverture au droit de timbre.

La question a été soumise à la Cour de Cassation, qui l'a résolue dans le sens de l'exigibilité du droit, par un arrêt du 23 avril 1901. (1) M. l'Avocat général Feuilloley en donnait ainsi le motif : « le deuxième moyen vise des lettres valant facture ou relevé de compte, adressées, deux à la Coopérative l'Elbeuvienne, une à la Rouennaise. Celles adressées à l'Elbeuvienne sont ainsi conçues : « Nous avons bien reçu votre retour d'emballage vide, et nous vous créditons comme suit : 1 bidon 100 litres à 25 francs, que nous déduirons sur une prochaine facture. » S'agit-il de la vente d'un bidon, s'agit-il de l'échange d'un emballage payé la première fois, rendu et échangé aux livraisons postérieures? Je n'en sais rien. Je ne discute pas, car peu importe, et qu'il s'agisse d'un contrat ou d'un autre, le pourvoi raisonne ainsi : Cette fois, ce n'est pas une quittance d'acompte, puisqu'il n'y a pas de compte actuellement existant; c'est une offre d'imputation *in futurum*, sur une dette qui n'existera que plus tard. C'est vrai, je ne le conteste pas. Aussi n'est-ce point comme quittance d'acompte que l'écrit sera assujetti au timbre, c'est comme reçu d'objet qu'il doit être revêtu du timbre à 10 centimes, car il y a eu objet remis en vertu de cette entente préexistante résultant des usages commerciaux précisés dans le jugement. Cet écrit constate, en effet, *hic et nunc*, et non pas *in futurum*, que la maison D... a reçu des emballages vides, c'est-à-dire des objets.

(1) D. P. 1901. 1. 513.

L'objection tirée de l'arrêt des Chambres réunies de 1880 ne porte donc pas dans l'espèce.

« Je vous dirai exactement la même chose en ce qui concerne la facture du 7 octobre 1896, adressée à l'Elbeuvienne, et qui porte cette mention « Fourni et rendu un bidon ». Cette fois, il s'agit, à n'en pas douter, de l'échange des emballages livrés et repris par le vendeur. Je reconnais encore sens difficulté avec le pourvoi qu'il ne s'agit pas d'une quittance d'acompte, mais l'écrit litigieux constate que l'Elbeuvienne s'est libérée envers D... de son obligation de rendre les emballages. C'est une décharge d'objet, et à ce titre l'écrit est assujetti au timbre. » (1)

L'Avocat général ne mettait peut-être pas assez en évidence le caractère libératoire de l'écrit; mais la Cour ne s'y est pas trompée, et elle a fait, de ce caractère, la base principale de sa décision : « Attendu, dit-elle, que les pièces saisies ayant un caractère libératoire pour la Compagnie des Tramways de Rouen, la Société Coopérative la Rouennaise, la Société Coopérative l'Elbeuvienne, qui étaient tenues, en vertu des conventions intervenues, et fondées sur l'usage, de les rendre [les bidons] aux exposants, moyennant finance quand ils étaient devenus sans objet pour elle. »

D'après l'arrêt, les Sociétés étaient tenues de restituer les bidons moyennant finance; l'affirmation n'est peut-être pas exacte, puisque, les bidons ayant été payés, elles pouvaient les conserver. Mais le fait qu'elles les restituaient pouvait, jusqu'à un certain point, les faire considérer comme n'ayant pas eu l'intention de les conserver, et changeait le contrat de vente en contrat de dépôt.

En est-il de même lorsqu'il s'agit de marchandises rendues? L'affirmative est certaine lorsque l'acheteur a pris

(1) Sir. 1901. 1. 369; D. P. 1901. 1. 513.

livraison de ces marchandises; mais il en devrait être autrement si l'envoi avait été refusé comme non conforme à la commande, et repris avant livraison. Bien que la marchandise ne soit pas entrée dans les magasins de l'acheteur, un *avoir* est créé néanmoins par le fournisseur, parce que, dès le départ de cette marchandise, une écriture a été passée dans la comptabilité au débit de l'acquéreur : cette inscription ne pouvant être biffée, doit être compensée par une inscription identique, un crédit ; l'avoir est donc nécessaire pour balancer cette inscription. Il est manifeste que, dans ce cas, il ne s'agit que d'une opération d'ordre intérieur, rendue nécessaire par les besoins de la comptabilité, et que toute demande du droit de timbre manquerait de base.

## § 2. — *Objets transportés.*

Nous avons vu que le reçu d'objets non libératoire n'est pas soumis au timbre; notre démonstration a été basée sur le cas d'un fournisseur livrant à son client une marchandise que celui-ci a demandée.

Dans les relations commerciales, un intermédiaire se place souvent entre le fournisseur et le client : c'est le transporteur, entrepreneur particulier ou compagnie de chemins de fer, et parfois les deux successivement.

Nous nous occuperons, dans ce paragraphe, de l'entrepreneur de transports.

Si les parties qui ont traité ensemble résident dans la même ville, la mission de l'entrepreneur est d'enlever la marchandise d'un endroit, pour la transporter dans un autre. Ordinairement, ce transport s'effectue à l'aide de titres créés, soit par l'entrepreneur lui-même, soit par le commerçant vendeur. Ces titres consistent en un Bulletin de livraison, c'est-à-dire un écrit indiquant la nature et l'origine de la marchandise, et un accusé de réception, qui est la copie du Bulletin de livraison, sauf qu'il porte un emplacement destiné à la signature du destinataire. Parfois, les deux pièces diffèrent davantage, et portent des titres divers; mais en fait, le transporteur est détenteur d'un document qu'il remettra à l'acheteur, ou simplement au destinataire de la marchandise, document qui permettra à celui-ci de vérifier l'exactitude des quantités que son fournisseur déclare lui faire parvenir, et qu'il conservera comme contrôle de la facture qui sera ultérieurement fournie; — et d'un bulletin indiquant la marchandise remise, et que le destinataire, après signature, rendra au transporteur. Ce dernier bulletin, dès qu'il est signé, est assujetti au timbre des décharges.

A la différence de ce qui existe quand la marchandise est transportée et remise par le fournisseur lui-même, l'accusé de réception correspond alors à une obligation contractée par le transporteur; celui-ci a, en effet, pris la charge de la marchandise dont il est devenu responsable; il a besoin de justifier qu'il s'est valablement et régulièrement libéré de l'obligation ainsi contractée par le seul fait de sa prise de possession, et il ne peut le faire qu'en produisant un titre établissant que les objets transportés ont été remis à la personne désignée. Ce titre, il l'opposera non seulement au fournisseur, mais encore au réceptionnaire. Dans la réalité des opéraitons commerciales, si le destinataire prétendait ne pas avoir reçu ces marchandises, il dirigerait ses poursuites contre le fournisseur, et celui-ci appellerait le transporteur en garantie. Ce transporteur, dont la responsabilité est incontestable, justifierait de sa libération vis-à-vis du fournisseur par la représentation de l'accusé de réception, titre qui mettrait fin au débat tant pour l'action principale que pour l'action en garantie; il est donc manifeste qu'un écrit de cette nature rentre dans la catégorie des écrits destinés à faire titre.

Si les parties entre lesquelles le marché a été passé ne

résident pas dans la même ville, le transport s'effectue entre les localités ou par voiture, ou par l'intermédiaire des chemins de fer ou par eau.

Si le transport a lieu par voiture, ce que nous avons dit pour le premier cas reçoit son application, la résidence des parties et la distance parcourue n'étant pas en cause en cette matière.

Si le transport a lieu par chemin de fer, il comporte de multiples distinctions dont nous parlerons tout à l'heure.

Si le transport a lieu par eau, sur un fleuve ou sur une rivière, il s'effectue au moyen d'une lettre de voiture établie sur timbre de dimension par application de l'article 56 de la loi du 9 Vendémiaire An VI (pour la pénalité, loi du 11 juin 1842, art. 7). A l'arrivée au port, la marchandise est enlevée soit par le destinataire lui-même, soit par un entrepreneur de transports, à qui le destinataire ou l'expéditeur, suivant les conditions de la vente, a donné un ordre d'enlèvement. Dans un cas comme dans l'autre, une décharge doit être donnée au batelier, et cette décharge est évidemment soumise au timbre, puisque, d'après les explications qui précèdent, elle libère ce transporteur de l'obligation assumée par lui.

Pour les transports maritimes, la lettre de voiture est remplacée par un connaissement. (Lois du 9 Vendémiaire An VI, art. 56; du 6 Prairial An VII, art. 5; du 30 mars 1872, art. 3 et suivants.) Le timbre du connaissement, quel qu'il soit, ne dispense pas du timbre de 10 centimes, la décharge donnée au transporteur sous forme de reçu de la marchandise ou de la mention « accompli », qui entraîne la décharge de toutes ses obligations.

Si l'enlèvement a lieu par un entrepreneur de transports, celui-ci aura besoin encore de retirer une décharge personnelle lors de la livraison au destinataire définitif, et cette nouvelle décharge, correspondant à une obligation distincte de la première, sera également passible du droit de timbre.

L'Administration soutient que la constatation par un reçu de la marchandise à transporter donne également ouverture au droit; nous avons expliqué qu'il n'en peut être ainsi, puisque le reçu n'est pas libératoire; mais ce reçu, par la forme qu'il adopte, par les renseignements qu'il contient, par les conditions de transport qu'il énumère, par la mention seule que la marchandise déposée doit être transportée, fait titre de dépôt, ou titre de transport: dans les deux cas, il serait passible du droit de timbre de dimension.

Nous avons examiné les cas où la marchandise est prise soit chez le fournisseur, soit à un port de débarquement; il ne paraît pas contestable que les règles exposées s'appliquent aussi au cas où elle est enlevée d'un magasin, ou même du magasin de l'entrepreneur, qui a pu la conserver un laps de temps plus ou moins long. Dans tous les cas, en effet, la signature du destinataire vaut décharge.

Nous avons déjà dit, à propos du timbre des quittances, que l'accusé de réception peut émaner d'un employé du destinataire, ce dernier étant responsable des droits et amendes.

## *SECTION III*

### Compagnies de Chemins de fer

#### § 1. — *Transports ordinaires.*

Les transports par chemins de fer sont soumis à un régime particulier, qui a sa répercussion sur le timbre des décharges.

L'art. 11 de la loi du 28 février 1872 porte, en effet : « Le droit de décharge de 10 centimes, créé par l'article 18 de la loi du 23 août 1871, pour constater la remise des objets, sera réuni à la taxe due pour les récépissés et lettres de voiture, qui est fixée ainsi qu'il suit : Récépissé délivré par les compagnies de chemins de fer, droit de décharge compris : 35 centimes ; lettre de voiture, droit de décharge compris : 70 centimes. »

Ce tarif a été modifié par l'article 1er de la loi du 30 mars 1872, portant : « A partir du 8 avril 1872, le droit de timbre des récépissés délivrés par les Chemins de fer, en exécution de la loi du 13 mars 1863, est fixé, y compris le droit de la décharge donnée par le destinataire, à 70 centimes pour chacun des transports effectués autrement qu'en grande vitesse. »

En ajoutant le droit de timbre à 10 centimes au droit de timbre ordinaire du récépissé, le législateur a eu spécialement en vue de dispenser les compagnies de chemins de fer, qui demandent nécessairement une décharge au destinataire, de conserver à leur charge le coût de ce timbre. Aussi est-il admis que les lettres de voitures créées par d'autres transporteurs peuvent n'être timbrées qu'au tarif de 0,60 centimes, sauf à être complétées par le timbre de 10 centimes, au moment de la signature de la décharge par le destinataire.

La conséquence de ces dispositions est que le destinataire de marchandises ou objets transportés par chemins de fer n'est pas tenu d'apposer un timbre sur la décharge qu'il délivre aux compagnies de chemins de fer. Il faut remarquer, en effet, que par application de la loi du 13 mai 1863, la création d'un récépissé par les compagnies est obligatoire pour chacun de leurs transports.

La décharge sans timbre est donc, dans ce cas, une exception non à l'exigibilité du droit, mais au mode d'acquit de ce droit.

## § 2. — *Groupages. — Remboursements.*

La même loi du 30 mars 1872 a, dans son article 2, autorisé les entrepreneurs de transports à grouper en une seule expédition les colis qui leur sont remis pour une même destination, soit que la remise leur soit faite par de multiples expéditeurs, soit qu'il s'agisse de multiples destinataires, soit enfin qu'il y ait pluralité d'expéditeurs et de destinataires. Mais elle leur a imposé l'obligation de retirer décharge de chaque destinataire, et de créer autant de récépissés *spéciaux* (récépissés bleus), qu'il existe de destinataires. Ces récépissés spéciaux sont timbrés, selon le mode de transport, au droit de 70 centimes, ou 35 centimes, qui comprend le droit de décharge, ainsi que nous l'avons déjà indiqué. Le destinataire, à qui un récépissé de cette nature est remis par le transporteur, peut donc signer la décharge sans timbre à 10 centimes, mais cette remise du récépissé spécial est obligatoire pour prouver au destinataire que la décharge par lui donnée est affranchie du timbre.

Il faut mentionner, en effet, parmi les groupages, ceux qui sont faits par l'expéditeur de la marchandise. Il arrive que cet expéditeur remet un certain nombre de colis à l'entrepreneur de transports, en lui assignant un destinataire unique, qui est un entrepreneur de transports du lieu de destination. Cette remise collective de l'expéditeur peut être réunie par l'entrepreneur à d'autres marchandises provenant d'expéditeurs différents, pour former un groupage de l'ensemble. Il n'établira, bien entendu, qu'un seul récépissé pour le destinataire des colis multiples que le premier expéditeur lui a remis. A l'arrivée, l'entrepreneur destinataire fera la répartition entre les destinataires définitifs que son correspondant lui aura fait connaître; mais la remise qu'il fera à ces divers destinataires ne pourra être accompagnée d'un récépissé spécial, puisqu'il n'en existe qu'un pour le tout. Le timbre à 10 centimes reste donc exigible sur les décharges qui lui seront délivrées.

D'autres cas peuvent se produire, justifiant également la perception du droit. Il nous suffit d'avoir rappelé que le récépissé timbré à 0 fr. 35 ou 0 fr. 70 et remis au destinataire au moment de la livraison, dispense seul la décharge du timbre.

L'article 10 de la loi du 19 février 1874 a autorisé les envois contre remboursement du prix des objets transportés (prix qu'il ne faut pas confondre avec les débours), et il ajoute : « Le droit de timbre du récépissé ou celui de la lettre de voiture, fixé dans ce cas à 35 centimes, y compris le droit de la décharge, est supporté par l'expéditeur de la marchandise. »

Ce récépissé spécial est destiné à accompagner le retour des fonds, encaissés auprès du destinataire de la marchandise, en observant que ce retour peut être réel, c'est-à-dire s'effectuer en numéraire, ou fictif, c'est-à-dire s'opérer par un simple jeu d'écriture. A l'arrivée des fonds, il y a décharge ou quittance donnée par l'expéditeur, qui encaisse ainsi le prix de son envoi. Cette décharge ou quittance est exempte du timbre.

Cette disposition de la loi s'applique à toutes livraisons contre remboursement, qu'elle ait lieu par grande ou par petite vitesse. Comme le retour des fonds n'a lieu en réalité que par grande vitesse, la loi n'a établi que le tarif de 0 fr. 35 applicable à cette nature de transports.

## § 3. — *Colis postaux.*

Un régime spécial a été organisé pour le timbre des colis postaux. La loi du 3 mars 1881 a réduit à 10 centimes, *y compris le timbre de la décharge*, le droit de timbre applicable aux récépissés, bulletins d'expédition, et autres pièces en tenant lieu, délivrées par les Compagnies pour les envois de colis postaux.

Il en résulte que l'accusé de réception d'une expédition de cette nature échappe au timbre comme y échappe l'accusé de réception de marchandises transportées avec récépissé ordinaire. Quant aux colis postaux « expédiés et distribués dans l'intérieur d'une même ville », ils ont été exemptés, même du timbre à 10 centimes, par l'art. 6 de la loi du 24 juillet 1881. La disposition de cette loi est ainsi plus libérale encore que celle de la loi du 3 mars 1881.

Il faut observer que les expéditions par colis postaux sont celles qui s'opèrent dans des conditions particulières, et sous la direction de l'Administration des Postes, bien que cette Administration n'intervienne pas directement dans les expéditions. Une expédition n'est pas faite en colis postal par cela seul que le poids du colis rentre dans les limites assignées aux colis postaux. Par suite, les livraisons qu'effectuent les entreprises concurrentes, ou toutes autres livraisons faites par des entreprises particulières, quel que soit le titre qu'elles s'attribuent, ne sont pas des livraisons de colis postaux, et doivent, dans les conditions que nous avons exposées, être soumises au timbre de 10 centimes.

---

## CHAPITRE II

### Paiement. — Pénalités. — Communication

Les diverses règles que nous avons rappelées à propos du timbre des quittances pour le paiement du droit, l'apposition, l'oblitération des timbres, le timbrage à l'extraordinaire, les pénalités, la prescription, le mode de constatation des contraventions, les poursuites, etc... s'appliquent au timbre des décharges.

Les particuliers et entrepreneurs ont la faculté de faire timbrer à l'extraordinaire les documents destinés à constater des livraisons, des décharges, dans les mêmes conditions que les formules destinées à constater des libérations de sommes.

Ajoutons que les agents de l'Administration de l'Enregistrement ont le droit de communication dans toutes les entreprises de transport, sociétés ou non. Ils peuvent s'assurer, au vu des différents titres ou pièces, parmi lesquels figurent les bulletins ou feuilles de livraison, que les lois sur le timbre ont été observées.

D'autre part, les entreprises de transports, étant soumises aux investigations de l'Administration, ont le droit d'apposer elles-mêmes et d'oblitérer les timbres des décharges qui leur sont délivrées; elles ont aussi le droit d'utiliser dans les conditions prévues par le décret du 29 avril 1881 les timbres collectifs.

QUATRIÈME PARTIE

# TIMBRE DES COMPTABLES PUBLICS

## CHAPITRE Ier

### QUOTITÉ. — RÈGLES D'EXIGIBILITÉ

### *SECTION Ire*

#### PRINCIPES. — DISTINCTIONS

La loi du 13 Brumaire An VII, dans son article 16, a dispensé du droit de timbre les quittances délivrées aux collecteurs et receveurs de deniers publics. Mais les quittances délivrées par eux n'ont été exemptées que dans une certaine limite. Sont exemptées du droit, dit le même article, « celles que les collecteurs des Contributions directes peuvent délivrer aux contribuables; celles des Contributions indirectes qui s'expédient sur les actes; et celles de toutes autres Contributions qui se délivrent sur feuilles particulières, et qui n'excèdent pas 10 francs ».

L'application de cette disposition, ayant donné lieu à des difficultés et à des divergences d'interprétation, une loi du 8 juillet 1865 a posé une règle nouvelle : l'article 4 de cette loi est ainsi conçu :

« Le timbre des quittances de produits et revenus de toute nature, délivrées par les comptables de deniers publics, est réduit à 20 centimes. La délivrance de ces quittances est obligatoire. Le prix du timbre, lorsqu'il est exigible, s'ajoute de plein droit au montant de la somme due, et est soumis au même mode de recouvrement. Sont maintenues les dispositions de l'article 16 de la loi du 13 Brumaire An VII, concernant les Contributions directes, et celles des articles 19 et 243 de la loi du 28 avril 1816, relatives aux quittances des Douanes et à celles des Contributions indirectes. » (1)

La loi s'est bornée *à réduire* le droit de timbre antérieurement appliqué ; ce n'est donc toujours qu'un droit de timbre de dimension dont la quotité est fixe, c'est-à-dire qu'elle ne varie ni avec la dimension du papier employé, ni avec les sommes qui s'y trouvent portées. Il y a bien quelques contradictions à admettre un timbre « calculé d'après la dimension du papier », et qui reste le même quelle que soit cette dimension. Mais la contradiction n'est qu'apparente, car en observant que le droit établi par la loi de Brumaire reste ce qu'il était, nous entendons seulement dire que sa nature n'a pas changé, que sa perception est soumise aux mêmes règles.

Le tarif de 0 fr. 20 a été porté à 0 fr. 25 par l'article 2 de la loi du 23 août 1871. Cette augmentation correspondant à une diminution de la quotité en ce qui concerne les quittances des particuliers, est injuste. Elle s'explique par ce fait que les comptables étant tous soumis à un contrôle, l'emploi du timbre ne peut être évité, tandis que le but du législateur, en diminuant la quotité du timbre des quittances des particuliers a été d'en faciliter l'usage et d'enle-

(1) Aux termes des articles susvisés, les reçus de produits délivrés par les agents des Douanes, supérieurs à 10 francs, sont assujettis au timbre de 0 fr 25. Quant aux quittances données par le service des Contributions indirectes, « elles seront marquées d'un timbre spécial dont le prix est fixé à 10 centimes. »

ver tout prétexte aux fraudeurs. Mais il n'en reste pas moins regrettable qu'une quittance délivrée par un comptable soit sans aucun motif imposée à un tarif plus élevé que celles délivrées par les particuliers. D'autre part, la quittance est obligatoire, ce qui équivaut à l'établissement d'un nouvel impôt.

En édictant cette disposition, le législateur a eu en vue d'assurer le contrôle des comptes des receveurs de deniers publics. Peut-être était-ce là un motif pour décider que la quittance serait gratuite; on ne comprend pas pourquoi le contribuable paie un impôt supplémentaire en vue d'assurer le contrôle du comptable entre les mains de qui il paie.

L'application de la loi du 8 juillet 1865 doit être examinée sous un double point de vue :

1° Qualité des personnes qui délivrent les quittances ;

2° Nature des quittances et des produits.

### § 1. — *Qualité des personnes.*

La loi ne frappe que les quittances délivrées par les « comptables de deniers publics ».

Si l'on se reporte au décret du 31 mai 1862 sur la comptabilité publique, on constate qu'il faudrait entendre par deniers publics, les deniers de l'Etat, des départements, des communes et des établissements publics ou de bienfaisance. Mais cette définition ne correspondrait pas au vœu de la loi, qui, comme nous l'avons dit, a été d'assurer un contrôle exact des perceptions par la délivrance obligatoire des quittances. La loi doit donc, dans la pensée de ses auteurs, être limitée aux comptables dont les recettes sont contrôlées par l'autorité supérieure. Aussi, décide-t-on qu'elle ne s'applique pas aux trésoriers des associations syndicales libres, qui pourraient se former sans autorisation de l'Administration; mais quand il s'agit d'une association syndicale autorisée, et dont la comptabilité est soumise au contrôle de la Cour des Comptes ou du Conseil de Préfecture, les quittances délivrées par le Trésorier sont assujetties au timbre de 25 centimes.

Les principaux comptables de deniers publics sont :

Le Caissier Payeur général, les sous-caissiers et tous payeurs du Trésor ;

Les Trésoriers Payeurs généraux, Receveurs des Finances, Percepteurs;

Les Caissiers et Caissiers adjoints de la Caisse des Dépôts et Consignations;

Les comptables des Chancelleries consulaires, des Ecoles d'Agriculture, d'Arts et Métiers, Forestières, d'Horlogerie, Vétérinaires, des Retraites de la Marine;

Les Receveurs municipaux, Receveurs des Bureaux d'assistance publique, des Bureaux de bienfaisance, des Hôpitaux et Hospices, des Asiles d'aliénés, des Dépôts de mendicité, de l'Enregistrement, des Domaines et du Timbre, des Postes et Télégraphes, etc...; les Receveurs d'Octrois et de Monts-de-Piété ;

Les Secrétaires agents comptables des Etablissements d'enseignement supérieur; Directeurs d'Ecoles normales primaires, Economes des Lycées et Collèges communaux;

Les Caissiers de l'Imprimerie nationale, de la Légion d'Honneur;

Les Comptables d'Etablissements gérés pour le compte de l'Etat; Etablissements thermaux, Maisons de détention, etc...;

Les Agents des Docks-Entrepôts administrés pour le compte des villes, en ce qui concerne les quittances des droits de magasinage.

La loi n'atteint pas seulement les quittances délivrées par ces comptables, mais encore celles qui sont délivrées par les préposés les représentant. C'est ainsi que sont soumises au timbre de 0 fr. 25 les quittances délivrées par les agents de l'Assistance publique, agissant au nom du receveur.

De même, quand le recouvrement est effectué par un régisseur intéressé, les quittances délivrées par ce régisseur, et relatives à des revenus et produits de l'Etat, des Communes, des Départements ou Etablissements publics, restent assujetties au timbre spécial.

Mais l'exigibilité du droit est limitée aux quittances que ces comptables donnent en cette qualité, et dont le montant doit figurer dans leurs écritures, soumises au contrôle de l'autorité supérieure; lorsqu'ils agissent à titre particulier, ou pour le compte de particuliers, la loi de 1865 cesse d'être applicable. C'est ainsi que les Receveurs des Finances, constatant le remboursement des prêts faits par le Crédit Foncier aux communes, agissent au nom de cet établissement, et les quittances délivrées pour cet objet ne sont assujetties qu'au timbre de 10 centimes.

### § 2. — *Nature des quittances et des produits.*

Observons tout d'abord qu'il ne s'agit que des produits et revenus encaissés par les comptables, c'est-à-dire des quittances délivrées par eux. Les quittances délivrées à l'Etat, aux communes et départements restent au contraire en dehors de la loi, et sont imposables au droit de timbre ordinaire, c'est-à-dire au droit de 10 centimes.

Mais toutes les sommes encaissées par les comptables en cette qualité, tombent sous l'application de la loi, qu'il s'agisse d'impôts, de revenus ordinaires ou de produits extraordinaires ; la quittance d'une souscription à un emprunt communal serait, par exemple, soumise au droit de 25 centimes.

Enfin, à la différence de la loi du 23 août 1871, la loi de 1865 n'a visé que les quittances de sommes; elle n'est donc pas applicable aux reçus d'objets, de titres, de pièces, de valeurs : le récépissé d'un dépôt fait en rentes ne serait soumis, par conséquent, qu'au droit du timbre de 10 centimes.

La nomenclature des produits et revenus de l'Etat, des départements, des communes et établissements publics, serait difficile à établir d'une manière complète. Nous allons essayer d'en nommer les principaux; les explications qui précèdent sur la qualité des comptables permettront de suppléer aux lacunes de cette nomenclature :

Recette par les Receveurs des Domaines du prix de vente des biens mobiliers ou immobiliers de l'Etat, du prix de location de ces mêmes biens, du fermage des Etablissements thermaux, du produit des haras, du prix de vente de coupes ou autres produits forestiers.

Récépissés par la Caisse des Dépôts et Consignations des cautionnements en numéraire, des fonds disponibles des établissements publics, de dépôts de sommes par les départements, communes et établissements publics, de remboursements d'emprunts, d'acomptes sur obligations, de prêts en compte courant.

Quittances délivrées aux particuliers par les Receveurs municipaux pour distribution d'eau ou fourniture de gaz, quittances de taxes municipales pour occupation de terrains communaux, de prix de concessions de toute nature, de prix de cession de terrains, de sommes sur emprunts, de sommes en garantie d'une souscription, des termes ultérieurs de la souscription.

Quittances par les Receveurs de l'Enregistrement de droits d'enregistrement, autrement que sur les actes; de suppléments de droits, de frais de poursuites, de droits et de suppléments de droits de mutation par décès, de taxe sur le revenu.

Quittances par les établissements de bienfaisance, de

subventions de l'Etat, de départements, de communes, de particuliers.

Quittances par les Receveurs des Télégraphes et Téléphones, de redevances pour usage des lignes, de taxes télégraphiques ou téléphoniques.

Quittances de produits des prisons, de la taxe des brevets d'invention, etc.....

## *SECTION II*

### RÈGLES D'APPLICATION

La quittance est obligatoire, dit notre texte; mais la loi, qui a pour objet la perception d'un droit de timbre, ne paraît pas devoir être applicable lorsque le timbre n'est pas dû. D'autre part, si une quittance a déjà été délivrée, ou si le paiement est constaté sur un acte antérieur, une nouvelle quittance ne doit pas obligatoirement être délivrée. (1)

Le droit de timbre, dit la loi, s'ajoute à la dette; il faut en conclure que chaque débiteur doit acquitter l'impôt. Par suite, si un paiement est fait par une seule personne, en l'acquit de dettes de plusieurs, il doit être délivré autant de quittances qu'il y a de débiteurs. Toutefois, en matière de mutations par décès, si les héritiers et légataires non solidaires se réunissent pour souscrire une seule déclaration, une seule quittance doit être délivrée, un débiteur payant pour tous et la quittance se rapportant en définitive au total des droits dus pour une même déclaration. Une solution (1) a même admis qu'il en est encore ainsi lorsque des héritiers auxquels sont échus plusieurs successions souscrivent une déclaration globale.

Les acomptes sur une somme supérieure à 10 francs sont assujettis à l'impôt d'après le texte même de la loi, mais la constatation de ces acomptes peut avoir lieu sur la même feuille de papier, c'est-à-dire que le premier paiement ayant

---

(1) V° Circ. Compt. publ., 15 novembre 1869. R. P. 2145; et 24 février 1868 : R. P., n° 3077. Sol. 19 août 1889.

(1) Sol. du 12 juillet 1890.

fait l'objet d'une quittance timbrée, les autres peuvent être inscrits à la suite, sans timbre. Cette règle résulte de la loi du 13 Brumaire An VII, dont l'article 23 n'a pas été modifié par la loi de 1865, et dispose que : « il pourra être donné plusieurs quittances sur une même feuille de papier timbré, pour acompte d'une seule et même créance, ou d'un seul terme de fermage ou loyer ».

Mais il en serait autrement de quittances pour dettes distinctes. Chacune devrait subir l'ompôt : « Toutes autres quittances, ajoute le même article 23, qui seront données sur une même feuille de papier timbré, n'auront pas plus d'effet que si elles étaient sur papier non timbré. »

Quant aux quittances par duplicata, elles sont, à défaut de dispositions spéciales de la loi, assujetties, comme les quittances originales, au droit de timbre de 25 centimes. Il n'en est ainsi, toutefois, que s'il s'agit réellement d'un duplicata; si le comptable délivre un certificat constatant le paiement; s'il fait précéder la quittance de renseignements sur la nature du droit exigé, ce n'est plus un double de la quittance, et un droit de dimension est exigible.

# CHAPITRE II

## EXEMPTIONS

### *SECTION Ire*

#### QUITTANCES D'ORDRE

Les quittances d'ordre intérieur, plus nombreuses en matière de comptabilité publique qu'entre particuliers, sont exemptes du droit. Ces pièces ne font pas titre; elles ne justifient donc pas l'exigibilité d'un droit de timbre spécial aux écrits formant titre. Toute quittance d'administration à administration rentre dans cette catégorie.

## *SECTION II*

### Impots indirects et Contributions directes

L'article 16 n° 1 de la loi du 13 Brumaire An VII exempte du timbre les quittances d'impôts indirects qui se donnent sur les actes. La loi de 1865 maintient cette exception, mais elle consacre l'application des règlements antérieurs, qui assujettissaient à un traitement spécial les quittances délivrées par le service des Contributions indirectes (1) et par le service des Douanes. (2) Ce timbre, qui est de 10 centimes pour les Contributions indirectes, et de 25 centimes pour les Douanes, est perçu par ces Administrations sans que les agents de l'Enregistrement aient de contrôle à exercer à cet égard.

Les quittances délivrées sur les actes par les Receveurs de l'Enregistrement sont donc exemptes du droit. D'autre part, les quittances pour émission et paiement de mandats postaux ont été exemptées de l'impôt par la loi du 18 mars 1879.

Quant aux Contributions directes, la loi du 8 juillet 1865 les a expressément maintenues dans les exceptions prévues par la loi de Brumaire. L'exception s'étend aux taxes assimilées, telles que centimes communaux ordinaires ou extraordinaires, taxes sur les cercles, sur les chiens, sur les chevaux et voitures, sur les billards, taxes relatives à l'entre-

(1) Loi du 28 avril 1816, art. 243. (Voir ci-dessus, page 198, note 1.)
(2) Loi du 28 avril 1816, art. 19. ( id. )

tien des digues, au dessèchement des marais, pour travaux d'élagage, redevance de mines, quittances d'attributions sur les patentes, de prestations pour les chemins vicinaux, taxes d'arrosage, de biens de mainmorte.....

---

## *SECTION III*

### Sommes n'excédant pas 10 francs

Les quittances de sommes n'excédant pas 10 francs sont exemptes du droit : cette disposition de la loi du 13 Brumaire n'a pas été rapportée par la loi de 1865, qui s'est bornée à réduire le tarif et à rendre la quittance obligatoire; elle doit se lier avec les dispositions spéciales dont nous avons parlé, relativement aux quittances d'acomptes. Les paiements successifs de sommes n'excédant pas 10 francs, à titre d'acomptes sur une somme supérieure, sont exempts du droit si la quittance du premier acompte a été timbrée, et si les autres sont délivrées à la suite. (1) Il va sans dire que si une quittance pour un second acompte est délivrée sur feuille séparée, le droit de timbre est dû, même lorsqu'il y a référence à la quittance primitive régulièrement timbrée.

La seule difficulté qui se présente dans cette matière consiste à savoir ce que l'on doit entendre par acompte. Les acomptes ont ceci de caractéristique qu'ils se rapportent à une dette unique; mais il reste à déterminer dans quels cas il y a lieu de considérer la dette comme une; c'est une question d'appréciation variable avec chaque espèce. Nous n'en donnerons que deux exemples : La taxe sur le revenu, que la loi du 29 juin 1872 déclare payable par trimestres, forme une créance trimestrielle du Trésor; chaque terme trimestriel doit donc être envisagé séparément. — Les droits de

(1) Comme nous l'avons vu, il n'en est pas de même pour les quittances s. s. p. ordinaires, assujetties au timbre de 10 centimes.

mutation par décès et les suppléments qui peuvent devenir exigibles pour des motifs divers, donnent lieu à plus de distinctions.

L'Administration a résolu les différents cas dans son Instruction générale du 28 septembre 1899 (n° 2996, § 1). Les droits de mutation par décès, dit-elle, versés à raison d'une omission, d'une insuffisance de revenu ou d'une insuffisance d'évaluation mobilière, constituent une créance distincte de celle acquittée lors du paiement des droits simples. La quittance qui en est délivrée est, en conséquence, passible du timbre de 0 fr. 25, si la somme versée excède 10 fr. Le droit est dû même au cas où les parties représenteraient la quittance des droits versés au moment de la déclaration primitive. Au contraire, les droits versés soit pour insuffisance de perception, soit lors d'une déclaration complémentaire effectuée dans le délai légal, ne forment, avec ceux acquittés lors de la déclaration primuive, qu'une créance unique. En conséquence, le timbre à 0 fr. 25 est dû sur les quittances de droits de l'espèce, lorsqu'ils excèdent 10 francs, ou ont pour objet un acompte sur une somme totale de droits de mutation excédant ce chiffre. Mais les parties ont la faculté, en représentant la quittance primitive, de faire inscrire le versement complémentaire, quel qu'en soit le chiffre, sur cette quittance, sans paiement d'un nouveau droit de timbre.

---

## SECTION IV

### Dette publique. — Gens de guerre.

L'exemption prononcée par l'art. 16, § 1er, n° 3 de la loi du 13 Brumaire pour les quittances relatives aux inscriptions sur le Grand-Livre de la Dette publique, et aux effets publics, s'applique au timbre de 25 centimes, comme elle s'applique au timbre de 10 centimes. Qu'il s'agisse de rentes sur l'Etat, de Bons du Trésor, de versements au Trésor par les communes et établissements publics, ou de toute autre opération constituant un prêt à l'Etat, prêt direct ou indirect, et quel que soit le nom donné à l'opération, le droit de timbre n'est pas dû.

Il en est aussi de même des quittances pour le *prêt* et les fournitures concernant les gens de guerre. Nous avons développé ces exceptions à propos du timbre à 10 centimes. Le motif d'exemption ayant toujours sa source, pour les deux tarifs, dans la loi de Brumaire, nous n'avons aucune observation nouvelle à ajouter.

## SECTION V

### Secours. — Vindicte publique

Nous dirons la même chose de ces deux natures de versements. Les quittances de secours versés aux indigents sont exemptes de l'impôt, ainsi que les quittances délivrées non par les indigents eux-mêmes, mais par des intermédiaires, des tiers chargés de transmettre les secours, quand l'indigence est constatée.

La loi du 15 juillet 1890, organisant l'assistance médicale gratuite a, dans son article 32, dispensé du timbre les quittances délivrées à l'occasion de ce service.

## *SECTION VI*

### Caisses

Les quittances délivrées par les Caisses d'assurances en cas de décès ou en cas d'accidents résultant de travaux agricoles ou industriels, sont exemptées du timbre. Ces caisses sont gérées par la Caisse des Dépôts et Consignations.

Il en est de même des quittances délivrées par les Caisses d'Epargne, par la Caisse nationale des Retraites pour la Vieillesse (loi du 20 juillet 1886, art. 24) et par les Sociétés de secours mutuels approuvées (décret-loi du 26 mars 1852, art. 11).

## SECTION VII

### Expropriations. — Réquisitions

Par application de l'article 54 de la loi du 3 mai 1841, les quittances d'indemnités ou autres sommes, en matière d'expropriation pour cause d'utilité publique, sont exemptées du timbre; ces pièces doivent cependant être visées pour timbre gratis.

La loi du 18 décembre 1878 a décidé que les quittances délivrées en matière de réquisitions militaires profiteraient de la même exonération.

# CHAPITRE III

## MODES DE PAIEMENT. — PÉNALITÉS

### SECTION I^re^

#### MODES DE PAIEMENT

Le paiement du droit de timbre peut avoir lieu, soit par l'apposition d'un timbre mobile spécial, soit par le timbrage à l'extraordinaire, à l'atelier général du Timbre. C'est le premier système qui est le plus communément employé.

En principe, le timbre de dimension ne peut être appliqué et oblitéré que par les agents de l'Administration de l'Enregistrement. On pourrait croire qu'il doit en être de même du timbre de 0 fr. 25, qui est un timbre de dimension; le décret du 21 juillet 1865, rendu pour l'application de la loi du 8 juillet de la même année dispose en effet que « l'apposition et l'annulation du timbre auront lieu suivant le mode prescrit par l'art. 1^er^ de notre décret du 29 octobre 1862 », et ce décret de 1862 dit que les timbres « seront apposés et annulés immédiatement au moyen d'une griffe, soit par les Receveurs de l'Enregistrement, soit par les fonctionnaires désignés à cet effet par notre ministre des Finances, pour suppléer ces préposés ». Mais il a été décidé que la référence à ce décret n'avait pour but que le mode d'apposition et d'oblitération, et non la désignation des fonctionnaires.

En conséquence, tous les agents comptables sont autorisés à faire eux-mêmes l'emploi du timbre; pour permettre le contrôle de cet emploi, les Receveurs municipaux et les Receveurs des établissements publics ont des carnets d'achat constatant les quantités achetées au Bureau de l'Enregistrement dans le ressort duquel se trouve leur résidence; ils ne peuvent s'approvisionner ailleurs.

Le timbre est annulé au moyen d'une griffe dont la forme est fixée par les règlements. La griffe des Receveurs de l'Enregistrement est un pointillé portant un numéro variant avec le bureau. Celle des payeurs porte un P; celle des Receveurs particuliers, les lettres R. P.; celle des Receveurs généraux, R. G.; celle des Receveurs spéciaux d'établissements publics, R. S.; celle des Percepteurs des villes et des Receveurs municipaux, R. M. Les agents des Postes emploient la griffe qui sert à l'oblitération des timbres poste.

La griffe doit être apposée à l'encre grasse, et de manière qu'une partie de l'empreinte soit imprimée sur la feuille de papier, de chaque côté du timbre.

---

## *SECTION II*

### PÉNALITÉS

La loi du 8 juillet 1865 n'étant qu'une modification de la loi de Brumaire, n'édicte pas des pénalités spéciales. Les contraventions qui peuvent être commises sont donc passibles des peines portées dans cette dernière loi, réduites dans leurs quotités par la loi du 16 juin 1824. D'après cette législation, l'amende est de 20 francs pour chaque acte public écrit sur papier non timbré; mais les contraventions commises par les particuliers sont passibles, d'après l'article 22 de la loi du 2 juillet 1862, d'une amende de 50 francs. Ces chiffres doivent s'entendre *en principal* et être augmentés des décimes, soit du quart; ils sont donc en réalité de 25 fr. et de 62 fr. 50.

Les quittances délivrées par les comptables doivent-elles être assimilées à des actes publics? En d'autres termes, l'amende est-elle, pour ces quittances, de 25 fr. ou de 62 fr. 50?

En droit fiscal, les actes administratifs sont ceux qui émanent de l'autorité administrative, et ont pour objet un acte d'administration; mais les comptables publics ne sauraient être assimilés à des autorités administratives. On devrait donc décider que c'est l'amende de 62 fr. 50 qui est toujours applicable. Une doctrine contraire a cependant prévalu. Il est certain que les comptables sont des fonctionnaires publics; en résulte-t-il qu'ils puissent être assimilés aux autorités administratives dont parlent les lois fiscales? Il y aurait bien des doutes à cet égard. Quoi qu'il en soit, l'Administration de l'Enregistrement a fait une distinction :

elle considère comme fonctionnaires publics, et par conséquent comme passibles de la seule amende de 20 francs les agents des diverses administrations de l'Etat; mais elle assimile à des particuliers les comptables des établissement publics et les receveurs municipaux.

L'article 27 de la loi du 2 juillet 1862 porte que « sont considérés comme non timbrés les actes ou écrits sur lesquels le timbre mobile aura été apposé sans l'accomplissement des conditions prescrites par le règlement d'administration publique ou sur lesquels aurait été apposé un timbre ayant déjà servi ». L'article 1er du décret rendu en conséquence le 29 octobre 1862 porte que le timbre mobile sera annulé immédiatement au moyen d'une griffe, et l'article 1er du décret du 21 juillet 1865, spécial au timbre de 0 fr. 25, dispose que l'apposition et l'annulation de ce timbre auront lieu suivant le mode prescrit par l'art. 1er du décret du 29 octobre 1862.

Si l'on se rappelle que le timbre de 25 centimes est un timbre de dimension auquel s'appliquent naturellement toutes les règles spéciales à cette nature d'impôt, on doit en conclure que les pénalités prévues par la loi de 1862 subsistent en matière de timbre à 25 centimes, d'autant plus que le timbre créé pour l'exécution de la loi de 1865 n'avait pas été prévu dans cette loi, et que le décret du 21 juillet qui l'a établi renvoie pour toutes les conditions d'apposition et d'oblitération au décret réglementaire du 29 octobre 1862. L'amende, en cas d'oblitération irrégulière, serait donc dans ce cas, celle applicable aux quittances non timbrées, puisque la loi contient une disposition formelle à cet égard.

L'Administration en a pourtant décidé autrement; elle déclare qu'aucune amende fiscale ne frappe l'oblitération irrégulière ou le défaut d'oblitération; une peine disciplinaire peut seulement atteindre le comptable.

Rappelons enfin que, d'après la loi du 23 août 1871, les écrits sur lesquels un timbre mobile de 10 centimes aura été apposé en dehors des cas prévus, sont considérés comme non timbrés. La quittance d'un comptable soumise au timbre de 0 fr. 25 et timbrée à 0 fr. 10 est donc considérée comme n'étant revêtue d'aucun timbre. Le droit de 0 fr. 25 reste exigible sans imputation du droit de 10 centimes, et l'amende est applicable.

Mais la loi n'ayant prévu aucune pénalité pour défaut de délivrance de la quittance obligatoire, l'amende ne serait pas due en cas d'omission de la quittance. De même, l'absence de texte ne permet pas des poursuites correctionnelles en cas d'usage d'un timbre ayant déjà servi : telle est du moins la doctrine de l'Administration.

La constatation des contraventions peut être faite, dans tous les cas, par les agents de l'Administration de l'Enregistrement. Mais si l'on considère comme des particuliers les agents qui ne font pas partie des administrations publiques ou du ministère des Finances, l'article 23 de la loi du 2 juillet 1862 est applicable, et les contraventions par eux commises peuvent être relevées par les « préposés des Douanes, des Contributions indirectes et des Octrois ».

Un procès verbal constatant la contravention doit, selon les règles générales applicables en matière de timbre, être dressé par l'agent compétent.

# CONCLUSION

Tel est le régime des quittances, quittances de particuliers, quittances de comptables, et le régime des reçus et décharges.

Les développements que nous avons cru devoir consacrer à l'explication de la loi du 23 août 1871, et à celle du 8 juillet 1865, ont une conclusion : c'est que le législateur de 1871 n'a pas été très clair, et, malgré son désir d'édicter des dispositions si générales qu'il soit impossible de s'y soustraire, il n'a pas atteint entièrement son but. Le doute existe sur un des points les plus importants du principe qu'il a posé : le droit de timbre est-il dû sur les reçus purs et simples, reçus de sommes ou reçus d'objets ? L'Administration soutient l'affirmative; elle se garde de communiquer officiellement à ses agents les décisions de la jurisprudence qui ont condamné son interprétation, et, tout en appliquant ces décisions, transactionnellement, pourrions-nous dire, dans les cas identiques à ceux pour lesquels cette jurisprudence s'est prononcée, elle persiste dans sa manière de voir pour les cas très fréquents où le même principe voudrait une exonération certaine. Le reçu qui n'est pas libératoire, dit la Cour de Cassation, n'est pas prévu par la loi de 1871; et pourtant, l'Administration exige le droit sur des versements en compte-courant; elle l'exige sur des reçus d'objets à transporter, et dans combien d'autres cas! Elle prétend faire ainsi preuve de libéralité en soutenant que si le timbre n'était pas dû au tarif de 10 centimes, il serait dû au tarif minimum de 60 centimes, et des tribunaux ont consacré cette appréciation! Pour éviter ce retour à la loi de Brumaire, on transige avec les principes, on refait la loi, on crée des exceptions imprévues, on réclame l'impôt là où le contribuable se croyait dispensé de le payer; on ne le lui réclame pas dans des cas où il croyait le devoir !

Le commerçant et l'industriel sont ordinairement honnêtes : rarement ils cherchent à tromper le Trésor; s'ils s'attachent à éviter les causes d'exigibilité d'un impôt, ce qui leur est d'ailleurs permis, ils ne refusent pas de l'acquitter lorsqu'ils n'ont pas réussi à éviter ces causes; ils se renseignent, ils consultent, et lorsqu'ils rapprochent les solutions qui leur sont données, ils ne comprennent plus. Une loi qui a de tels effets doit être condamnée.

Nous n'entendons pas dire par là que la législation relative au timbre des quittances doive disparaître de notre code fiscal. L'impôt se paie, il est productif; l'habitude en est prise, au moins en ce qui concerne les reçus de sommes; l'état des finances publiques ne permet pas la suppression de cette ressource. Mais il serait nécessaire de reviser cette législation. Eclairé par une application de près de 40 ans, le législateur rédigerait facilement un texte plus clair, plus général encore, et en même temps plus précis que celui que nous avons étudié. Est-il admissible par exemple qu'une marchandise que transporte le fournisseur donne lieu à un reçu exempt du timbre, et que la même marchandise transportée par un entrepreneur oblige à l'apposition du timbre sur le reçu? Est-il admissible que le reçu d'un colis postal transporté dans une ville par le service concessionnaire de l'Administration des Postes soit exempt du timbre, tandis que le reçu du même colis, transporté par un messager, donne ouverture au droit? Et remarquons-le bien, la contravention, lorsqu'elle existe, est encourue non par l'expéditeur, non par le transporteur, mais par le destinataire qui a signé. Celui-ci doit donc, avant de signer, songer à la responsabilité fiscale qu'il va encourir, examiner la voiture qui a fait le transport, pour savoir si c'est la voiture de son fournisseur, ou celle d'un intermédiaire, d'un entrepreneur de transports; étudier enfin la tenue, l'uniforme du messager qui lui remet un colis, afin de s'assurer s'il appartient ou non à un service concessionnaire de l'Administration des Postes. Est-ce possible, quand le soin de recevoir ces colis et marchandises est confié à des employés nombreux, évidemment peu au courant de ces subtilités?

La conclusion la plus certaine de cet état de choses est que si des droits non exigibles sont payés parfois, d'autres sont dus, qui ne sont pas acquittés.

Une revision s'impose donc, une réglementation générale, dont le premier soin sera de supprimer la différence de tarif entre les quittances des comptables et celles des particuliers, cette différence de 15 centimes qui est un impôt déguisé sur les opérations faites avec l'Etat et les communes. Cette codification aura un autre résultat : elle attirera à nouveau l'attention sur l'impôt du timbre à 10 centimes; les débats qui s'ouvriront éclaireront le public sur des cas d'application qui lui échappent actuellement, et le Trésor trouvera dans ce fait seul une nouvelle source de profits.

Depuis longtemps, d'ailleurs, on a proposé la codification générale des lois sur l'Enregistrement et le Timbre; en ce qui concerne spécialement ce dernier impôt, M. Salefranque, actuellement haut dignitaire de l'Administration, formulait dès 1889 un projet complet en 328 articles. Ce qu'un laborieux chercheur a pu faire, l'Administration pourrait le faire avec plus d'autorité encore. Et s'il paraît trop difficile de reviser d'un coup toute la législation du Timbre, pourquoi n'opérerait-on pas le travail par chapitres, successivement? Le premier de ces chapitres devrait être le timbre des quittances.

Des propositions de loi ont été à diverses reprises présentées au Parlement; mais ce qui a spécialement attiré l'attention des auteurs de ces propositions, c'est le défaut de proportionnalité du timbre des quittances. Il paraît inique d'imposer au même tarif une quittance de 10 fr. 50 et une quittance de 10,000 francs. C'est ce que MM. Rudelle et Grosjean exprimaient ainsi dans les motifs d'une proposition de loi déposée par eux à la Chambre des Députés, le 1er décembre 1902 (*Journal officiel*. Documents parlementaires de la Chambre, n° 533, page 431) :

« En 1871, nous avons surmonté des embarras financiers beaucoup plus grands; nous l'avons fait en prenant d'urgence les mesures les plus énergiques. Et ces mesures ont non seulement sauvé le pays, mais encore elles l'ont rendu prospère.

« A cette époque, le législateur instituait, entre autres, le timbre-quittance de 10 centimes, qui produit chaque année au Trésor une trentaine de millions, sans coûter beaucoup de frais de perception. Malheureusement ce timbre a un défaut, il n'est pas proportionnel, il est fixe, et vous êtes tenu d'apposer un timbre de 10 centimes aussi bien pour une somme de 10 fr. 50 que pour une somme de 10,000 francs.

« Il en résulte que les 30 millions annuels provenant de ce timbre sont surtout payés par les classes besoigneuses.

« C'est une iniquité de plus qui s'ajoute à tant d'autres, lesquelles rendront si difficiles, dans leur application, toutes réductions de droits, ou toutes nouvelles taxes de remplacement, de substitution, de supplément ou de superposition qui nous sont proposées.

« On parle toujours de mieux réglementer et de dégrever à la base, et en dépit de cette formule démocratique, on maintient les impôts qui frappent surtout le travailleur, le petit industriel, le petit agriculteur et le petit commerçant. Tel qu'il est établi, ce n'est pas le budget des dépenses qui est incompréhensible, c'est notre système d'impôts.

« Le mouvement des échanges de toutes sortes, au titre onéreux, atteint en France la somme d'environ 400 milliards de francs par an.

« C'est donc une somme de 400 milliards qui a été donnée et reçue au total sur notre territoire. Si le timbre des quittances cessait d'être fixe pour devenir proportionnel, il produirait à l'heure actuelle, en lui conservant son taux actuel (10 centimes par 10 francs, ou 1 %) exactement 4 milliards de recettes annuelles au Trésor, c'est-à-dire plus qu'il n'en faut pour pouvoir nous passer de tous les autres impôts : impôt foncier qui paralyse notre agriculture, impôts des portes et fenêtres et tous les impôts de consommation qui frappent si lourdement les travailleurs.

« Mais notre intention n'est pas de détruire avant de pouvoir réédifier. D'ailleurs, nous manquons ici d'éléments pour établir une base certaine à toute appréciation de fait.

« Nous voulons surtout attirer l'attention du Parlement et du Gouvernement sur cette transformation possible et équitable du timbre-quittance en timbre proportionnel, n'insistant même pas sur le taux à établir.

« Nous demandons simplement au gouvernement d'étudier la question, de nous fournir des évaluations, et de nous proposer, s'il y a lieu, la transformation rêvée du timbre fixe des quittances, reçus ou décharges en timbre proportionnel, en vue des réformes nécessaires.

« Si cette proposition du Gouvernement, étayée sur des chiffres certains, et basée sur ce qui se passe à ce sujet dans certains pays étrangers, — cela existe par exemple au Mexique — pouvait à un moment quelconque être jointe, à titre d'essai, au budget de 1903, nous pourrions nous trouver l'an prochain en face de données très sûres, lesquelles données nous permettraient de faire les dégrèvements, les réformes et les améliorations que nous avons tous promis.

« Selon nous, le produit de ce timbre proportionnel

frappant toutes les valeurs d'échange, et à apposer obligatoirement sur tous reçus, quittances et décharges, ne peut être assuré que si le législateur décide que lesdits reçus, quittances et décharges, revêtus du timbre proportionnel dûment daté et oblitéré par la signature du cédant, auront seuls un caractère d'authenticité capable de les faire accepter en justice, et d'y faire foi.

« Une amende quelconque, frappant à la fois le cédant et le prenant ne vaudra jamais cette nécessité légalement imposée de donner aux reçus, quittances et décharges, ce caractère d'authenticité sans lequel ils ne pourraient être valablement représentés. »

Pour l'application d'une disposition législative de cette nature, il suffirait de créer des timbres spéciaux de diverses valeurs, et surtout d'autoriser les contribuables à apposer plusieurs timbres de quotités diverses dont l'ensemble représenterait le total des droits exigibles.

Sous des formes diverses, cette proposition a été reprise, depuis, et nous ne serions pas surpris de la voir incorporée dans l'un de nos prochains budgets; avec cette différence, toutefois, qu'au lieu d'être proportionnel, le droit serait gradué, c'est-à-dire que la quotité en resterait la même pour des tranches spécifiées. Cette manière de procéder, cette incorporation dans une loi de finances, d'une disposition aussi importante, nous paraît dangereuse; les discussions hâtives qui ont lieu habituellement sur les divers articles du budget ne permettraient sans doute pas aux dispositions nouvelles de posséder la précision, la clarté, l'étendue désirables pour éviter des erreurs d'interprétation. Combien ne préférerions-nous pas la loi spéciale que nous réclamons, loi de revision et de codification, mûrement étudiée par les services compétents, longuement discutée dans les commissions parlementaires et dans les débats des Chambres !

# DU TIMBRE DES QUITTANCES

## REÇUS ET DÉCHARGES

---

## TABLE DES MATIÈRES

---

## BIBLIOGRAPHIE

Salefranque. — Le timbre à travers l'histoire.
Salefranque. — Code du Timbre.
Recueil de Sirey.
Répertoire périodique de Dalloz.
Instructions générales de l'administration de l'Enregistrement.
Journal de l'Enregistrement.
Répertoire périodique de l'Enregistrement.
Revue de l'Enregistrement.
Dictionnaire de l'Enregistrement, par les rédacteurs.
Répertoire général de l'Enregistrement, de Garnier.
Traité alphabétique des droits d'Enregistrement.
Ducroquet. — Dictionnaire du timbre des quittances.

# INDEX ALPHABÉTIQUE

### A



### B

Pages

## H



## I



## L



## M



## N



## O

V

n/pod-product-compliance
UK Ltd.
nes, MK11 3LW, UK
726
H00005B/2037